Os Fundadores

Os Fundadores

O PROJETO DOS RESPONSÁVEIS PELO NASCIMENTO DO BRASIL

2021

Lucas Berlanza Corrêa

70

OS FUNDADORES
O PROJETO DOS RESPONSÁVEIS PELO NASCIMENTO DO BRASIL

AUTOR: Lucas Berlanza Corrêa

DIRETOR ALMEDINA BRASIL: Rodrigo Mentz
EDITOR DE CIÊNCIAS SOCIAIS E HUMANAS: Marco Pace

REVISÃO: André Pottes
DIAGRAMAÇÃO: Almedina
DESIGN DE CAPA: Roberta Bassanetto
IMAGEM DA CAPA: A Proclamação da Independência do Brasil, pintura de François-René Moreau

ISBN: 9786586618464
Agosto, 2021

Dados Internacionais de Catalogação na Publicação (CIP)
(Câmara Brasileira do Livro, SP, Brasil)

Corrêa, Lucas Berlanza
Os fundadores : o projeto dos responsáveis pelo nascimento do Brasil / Lucas Berlanza Corrêa. – São Paulo : Edições 70, 2021.

Bibliografia.
ISBN 9786586618464

História do Brasil 2. Brasil - História - Império, 1822-1889 I. Título.

21-67295 CDD-981.04

Índices para catálogo sistemático:

1. Brasil : Império : História

981.04 Cibele Maria Dias - Bibliotecária - CRB-8/9427

Este livro segue as regras do novo Acordo Ortográfico da Língua Portuguesa (1990).

EDITORA: Almedina Brasil
Rua José Maria Lisboa, 860, Conj.131 e 132, Jardim Paulista | 01423-001 São Paulo | Brasil
editora@almedina.com.br
www.almedina.com.br

PREFÁCIO

Às vésperas dos 200 anos da Independência, o pensador liberal e meu caro amigo Lucas Berlanza presenteia o público com uma revisão didática e criativa dos sentimentos, ideias e ações dos personagens que encabeçaram o grande ato. Se a alguns é suficiente observar como espectadores passivos as celebrações e as discussões sociais, históricas e políticas, a outros, é imperioso pensar, falar e agir diante de todos, ofertando aos interessados o resultado de seu labor intelectual. E nada mais justo do que homenagear a efeméride mor da pátria com uma reflexão a respeito do seu significado partindo daqueles que a tornaram possível.

Lucas não fala só para especialistas, dirige-se antes a todo leitor interessado em entender o momento que fez do Brasil português o Brasil brasileiro. Se os estudos históricos sobre a Independência são inúmeros, e múltiplas as abordagens, na memória coletiva ficam registradas apenas superficialmente parte daquilo que se ouviu na escola, parte daquilo que se entendeu dos monumentos e das obras de arte, e hoje, parte daquilo que se viu passar pelos murais das redes sociais. A um intelectual público preocupado com o sentido da nacionalidade não cabe resolver todos os enigmas, mas explicar a imagem do grande quebra-cabeças da identidade pátria, e encaixar suas peças.

A mensagem de Lucas se concentra nas pessoas que se destacaram no 7 de setembro de 1822, bem como nas que o tornaram possível, e nas que o fizeram perdurar. Em vez de adotar o discurso nacionalista repleto de paisagens, árvores e pássaros nativos, ou de padecer do vício no abstrato, que amolda tudo a teorias que, quando já não podem explicar o mundo, forçam-no com a imaginação para que continue a parecer explicável, Berlanza segue o exemplo norte-americano de explicar a Independência pelos dilemas, ideias e dramas de uns quantos homens e mulheres cujas vidas significam tanto para a existência do país que só de contá-las tudo se ilumina.

A introdução familiariza o leitor com as interpretações do Brasil que, se não remontam ao mito das três raças de von Martius, com ele dialogam; que resgatam conceitos do nascente liberalismo francês de Benjamin Constant; que reflete sobre a maneira de aprender livre e proveitosamente com os outros povos, à moda Visconde do Uruguai... Além disso, expõe o critério de seleção das personalidades, um engenhoso transporte de conceitos norte-americanos: reúne quem agiu para a separação de Brasil e Portugal quando o conflito se fez inevitável, e quem lhe deu as primeiras estruturas mais ou menos firmes. Parece uma regra vaga, mas é funcional: precisamos considerar aqueles que efetivamente agiram, aqueles que sonharam e aqueles que guerrearam.

Um dos méritos da abordagem de Berlanza é a lucidez com que encara as comparações com a experiência americana: não as evita, mas fica longe das facilidades que falseiam e confundem. Não procura comparar documentos com documentos, como seria o caso de pôr lado a lado a Declaração de Independência de Thomas Jefferson e as de Bonifácio e Ledo; a Constituição da República dos Estados Unidos da América, de 1787, com a Constituição do Império do Brasil, de 1824. Não tiveram a mesma influência, o mesmo impacto, o mesmo significado. O Brasil era constituído majoritariamente por analfabetos, os EUA, por alfabetizados. Se pesquisas recentes nos mostram que os brasileiros iletrados exerciam a cidadania ouvindo e fazendo discursos, apoiando e protestando, por meio de panfletos e muros lidos em voz alta e discutidos em praças e tabernas, é compreensível que qualquer texto escrito tenha enfrentado certa dificuldade em virar símbolo. Aqui, o símbolo querido e respeitado por todos era a Coroa. A permanência do Imperador era mais importante do que firmar acordos por escrito entre as províncias.

O panteão dos fundadores pode e deve continuar a ser discutido, como sempre fazem os americanos, indecisos sobre o lugar que devem ocupar um Thomas Paine e uma Abigail Adams, e se redescobrindo pela lembrança dos esforços e desvelos de um Alexander Hamilton. Berlanza acerta na recuperação do tema, driblando grandes dificuldades. Não se pode ignorar jamais o Patriarca e o Imperador, é verdade, mas a compreensão ganha formidavelmente com o acréscimo do Conservador (Cairu), do Revolucionário (Ledo), da Imperatriz (Leopoldina) e da Guerreira (Maria Quitéria). Estão aí abrangidos, cronologicamente, a elevação a Reino, o rompimento político e o esforço bélico.

Os nomes que ficaram de fora ou não se encaixam no recorte cronológico escolhido, ou não deixaram obra duradoura, mas a maioria foi lembrada em algum momento – são mencionados, só não ganharam capítulos para chamar de seus. E por falar em capítulos, a organização interna de cada um favorece o entendimento e a retenção das histórias: o começo evidencia a importância da figura, no meio é feita uma minibiografia, e, ao fim, são esmiuçadas as ideias mais complexas e os fatos mais controversos. O estilo pessoal não chega a ser informal; se dá vida e cor às narrativas com menções a enredos de escolas de samba, demonstra seriedade e rigor ao citar longamente documentos primários.

Dizer mais seria expor o que cabe ao autor revelar. Deixo cá registrados meus votos de que o livro atinja todo o seu potencial, que é cair no gosto do povo, reacender discussões polêmicas mas necessárias, e contribuir para que o Bicentenário da Independência seja motivo de reflexões inspiradas. São atos assim que plantam nos corações um patriotismo salutar, que nem exalta ao angélico nem diminui por inveja o nome daqueles que, com todos os seus defeitos, deram sangue, fortuna e lágrimas para que fôssemos mais felizes do que eles foram.

Rafael Nogueira
Presidente da Fundação Biblioteca Nacional. Professor de filosofia, história e teoria política.

SUMÁRIO

INTRODUÇÃO

Já se vão pouco mais de cinco séculos desde que a aventura lusitana pelos misteriosos mares conduziu ao encontro das etnias fundantes desta sociedade complexa e plural, no seio dos trópicos. Daí até que este amálgama jovem de cores e gente, rebento de uma era de desbravadores e grandes descobertas, se reconhecesse pelo próprio nome e se compreendesse como uma entidade autônoma, formalmente separada daquelas que lhe deram origem, deu-se longo período de gestação.

Será que esse período se completou? Será que nos entendemos de forma plena com nossa própria identidade? Quando estampamos o verde, o azul e o amarelo em nossas camisas, levantamos bandeiras, fazemos ressoarem cornetas nas partidas de Copa do Mundo, bradamos palavras de ordem, inflamos o peito, ou, pior e ao contrário, nos acuamos de vergonha, tendo em mente, para tudo isso, uma palavra – "Brasil" –, o que ela realmente significa para nós? Por outra: é importante que signifique alguma coisa?

Os regimes já mudaram bastante e, naturalmente, na mesma proporção, os perfis dos governantes temporais. Depois dos cerca de três séculos em que, pertencentes ao concerto da monarquia portuguesa, assistimos a um suceder de capitães donatários e governadores-gerais, tivemos a recepção da outrora distante Corte em nosso seio; depois dela, uma Coroa reluzindo no Rio de Janeiro, a tomar para si uma inédita aventura de soerguimento de instituições e edificação de uma nação independente; em seguida, Repúblicas, sistemas autoritários, estados de sítio, "quarteladas" – o emocionante e inquieto entrechocar, em nosso "berço esplêndido", das ideologias modernas, dos partidos, das causas e dilemas do século XX. Já se avizinha o marco de duzentos anos em que misérias, contradições, esforços, vidas de todos os matizes e aspirações, confluíram para produzir uma epopeia convulsionada e marcada por indagações, mas entre elas permanece, sem cessar, talvez a maior, aquela a que há pouco referenciamos: que é Brasil?

Muitas tentativas de responder a essa pergunta foram feitas. Com um olhar "de fora", embebido das experiências dramáticas vivenciadas na Europa do tormentoso período das conflagrações mundiais, o escritor vienense Stefan Zweig (1881-1942) foi um dos que ousaram traçar um diagnóstico. Para ele, Brasil era sinônimo de "país do futuro"[1]. Apesar das limitações, Zweig enxergou nesta imensa terra uma promessa de confraternização e conciliação das diferenças, ao abrigo das hostilidades xenófobas e racistas que manchavam de sangue o Velho Mundo. "Considerando que o nosso velho mundo é, mais do que nunca, governado pela tentativa insana de criar pessoas racialmente puras, como cavalos e cães de corrida, ao longo dos séculos a nação brasileira tem sido construída sobre o princípio de uma miscigenação livre e não filtrada, a equalização completa do preto e branco, marrom e amarelo", ele se empolgava em apontar.

O que era uma expressão de alívio e empolgação de Zweig, ao passar a viver em um país em que era um valor e uma constante aquilo que nas nações mais antigas se passou a execrar, transformou-se em deboche entre os próprios brasileiros, que se acostumaram a retomar suas palavras em uma versão menos lisonjeira: o "país do futuro – que nunca chega". Nossos muitos problemas acabam significando, aos olhos de nossos compatriotas, que estamos inteiramente à deriva, submersos em um caos de desigualdades abissais e oligarquias sem valores nem pudores, perfazendo um paradoxo desalentador, um gigantesco "anão" no panorama mundial.

Diria Nelson Rodrigues (1912-1980), desta vez um dos mais renomados produtos da nossa gente, que vivemos vitimados por

---

1 ZWEIG, 2001.

um crônico "complexo de vira-latas". Disse ele, em 1958, que por esse conceito entendia "a inferioridade em que o brasileiro se coloca, voluntariamente, em face do resto do mundo. Isto em todos os setores e, sobretudo, no futebol"[2]. Em sua brilhante trajetória como cronista esportivo, teve Nelson o prazer de assistir aos "vira-latas", justamente no futebol – ao menos nele – se tornando os melhores do mundo.

Na primeira metade do século XX, durante a emergência internacional dos nacionalismos, infelizmente desaguando em autoritarismos de todas as espécies, recrudesceram as reflexões de nossos ensaístas e sociólogos no interesse de descortinar uma "alma brasileira", um "recorte" simbólico-narrativo em que pudéssemos nos reconhecer e enxergar algum quê de originalidade em nossos caracteres formadores e em nossas contribuições à humanidade. A música popular se põe a cantar em seus versos o "Brasil brasileiro", o "mulato inzoneiro", o "samba que dá bamboleio" e "faz gingar", a "Terra de Nosso Senhor", a "terra boa e gostosa da moreninha sestrosa", do "verde que dá para o mundo admirar", a "terra de samba e pandeiro".

Proliferavam-se canções que, em geral, em que pese a exaltação oferecida à criatividade do sambista e às manifestações populares de uma Cidade Maravilhosa que era, naquele passado não tão distante, a capital, não dispensavam a mesma atenção às esfuziantes quadrilhas nordestinas, às tradicionais festas do boi-bumbá, ao vicejante ritmo sertanejo que provém do vasto mundo rural, às peculiares canções gaúchas em festivais de sabor europeu regados a chimarrão, ao ar sofisticado de metrópole da pujante São Paulo, às celebrações realizadas nas densas matas do Norte... Na vida profunda do povo, portanto, há toda uma pluralidade espontânea e secular por ser devassada, um riquíssimo mosaico que representa, em si mesmo, um patrimônio e um tesouro. Ainda assim, explicar um país pela sua arte, sua melodia e suas festas, tanto quanto explicá-lo ou entendê-lo apenas pelo seu

---

[2] RODRIGUES, 2013.

sucesso esportivo, seria uma limitação, incapaz de satisfazer aos espíritos mais acurados, interessados em um autêntico senso de propósitos e referenciais.

Neste mar de diferenças que se retroalimentam, que interagem e coabitam, é que nossos intelectuais se lançaram à busca de uma chave para organizar as ideias e explicar o mistério brasileiro. Gilberto Freyre (1900-1987), o notável recifense, trouxe à luz sua *magnus opus Casa Grande & Senzala*. Remontou ao que julgava o patriarcalismo do senhor de engenho, imperante sobre sua mulher, filhos e escravos, como a gênese mais abrangente e estrutural da formação brasileira, "tanto nas suas virtudes como nos seus defeitos", explicando-se "menos em termos de 'raça' e de 'religião' do que em termos econômicos, de experiência de cultura e de organização da família, que foi aqui a unidade colonizadora"[3]. Foi ela, a família, erigindo-se em célula formadora de um complexo social que mesclava catolicismo popular, compadrismo e patriarcalismo polígamo, estabelecendo-se em torno da autoridade do senhor "nas casas grandes", que fez destas os núcleos "onde melhor se exprimiu o caráter brasileiro, a nossa continuidade social"[4].

Ele dirá que, conquanto a "monocultura latifundiária e escravocrata" tenha produzido muitos efeitos "no sentido de aristocratização, extremando a sociedade brasileira em senhores e escravos, com uma rala e insignificante lambujem de gente livre sanduichada entre os extremos antagônicos", eles foram em grande parte contrabalançados "pelos efeitos sociais da miscigenação", com "a índia e a negra-mina", depois a "mulata, a cabrocha, a quadradona, a oitavona, tornando-se caseiras, concubinas e até esposas legítimas dos senhores brancos" e "os filhos mestiços, legítimos e mesmo ilegítimos, havidos delas pelos senhores brancos"[5].

Cristaliza, em seu ensaio, um dos "mitos" – não lendas fantasiosas ou contos imaginários sobre deuses poderosos e vingati-

---

[3] FREYRE, 1933, p. 14.
[4] FREYRE, 1933, p. 26.
[5] FREYRE, 1933, p. 13.

vos ou monstros em labirintos mágicos, mas narrativas simbólicas, formalizando em imagens e alegorias uma explicação sobre um povo e sua identidade em comum – mais poderosos do pensamento brasileiro: o "mito das três raças", o mito da "mistura". De maneiras diferentes, em formulações diferentes, esta tem sido, de fato, uma constante quando nos debruçamos sobre nossa jovem nação. Produto das sementes plantadas pelas mais diversas origens, em um arranjo histórico-cultural inédito e particular, singularmente variado entre todos na face da Terra, ela não se poderia explicar pela ancianidade de uma tradição própria e unicamente nascida em seu solo, algo de que não dispõe, nem poderia dispor. Toda sua riqueza vem da mescla entre as distintas origens, dos contributos associados e dinamicamente modificados das civilizações e culturas que lhe vêm ofertar o produto do suor e da inventividade de suas proles.

A despeito dos autores que vieram oferecer aquilo que Wanderley Guilherme dos Santos (1935) chamou de "matriz dicotômica" da realidade brasileira, tais como o marxista Caio Prado Jr. (1907-1990) e o sociólogo Florestan Fernandes (1920-1995); a despeito, portanto, dos reconhecimentos de conflitos, de divisões, de decantações sociais importantes em nosso tecido social, a "mistura" está, de alguma forma, ainda que no mero reconhecimento da objetividade da origem étnica plural, presente nas interpretações do Brasil.

Estará presente, também, na história social e política, na verificação das matrizes filosóficas que inspiraram a maturação de nossas instituições imperiais. Conforme Antonio Paim (1927), em suas dimensões liberais, elas sofreram o influxo, entre outras, de duas grandes influências: o liberalismo doutrinário francês e a filosofia eclética. Que são essas duas tradições senão permeadas pela ideia da "mistura", da "mediação"?

Os doutrinários franceses tinham como precursor notável, na visão de Ubiratan Borges de Macedo, a figura de Benjamin Constant de Rebecque (1767-1830), influente sobre a Constituição de 1824 e o pensamento de nosso primeiro imperador. Liderados por personalidades como François Guizot (1787-1874) e Royer-Collard

(1763-1845), o que eles eram senão liberais preocupados com a ordem, ansiosos por pacificar institucionalmente a sociedade posterior à Revolução Francesa, em suas incessantes crises e rupturas, sem o excesso descabido de remontar ao Antigo Regime?

Como resume Paim, os doutrinários exatamente "deram uma contribuição fundamental no sentido de preservar o espírito da ideia liberal, no século anterior virtualmente circunscrita à Inglaterra, distinguindo-o nitidamente do democratismo difundido pela Revolução Francesa, sem voltar as costas ao sistema representativo"[6], concentrando entretanto a soberania nessa representação, tal como desenvolveria no Brasil e em Portugal o teórico Silvestre Pinheiro Ferreira (1769-1846), nos interesses e correntes de opinião e não no "povo" como uma ampla e desordenada abstração. Isto é, liberdade, mas ordem e instituições. Representação, mas não anarquia. Mediação. Mistura.

O fundador da Escola Eclética era um doutrinário, o próprio Royer-Collard. É novamente Paim quem define "a principal corrente de filosofia estruturada no país após a independência" como aquela que, pretendendo-se herdeira de todo o legado nobre do Ocidente, sustenta que as teses prevalecentes em determinados ciclos históricos acumulam qualidades e imperfeições; esse espírito de qualificação das inspirações teóricas através do relacionamento aglutinador entre elas promoveu impacto decisivo em nossa elite monárquica e formadora. Com base nele, o visconde do Uruguai (1807-1866) pontuou, em seu *Ensaio sobre o Direito Administrativo*, que "para copiar as instituições de um país e aplicá-las a outro, no todo ou em parte, é preciso primeiro conhecer o seu todo e o seu jogo perfeita e completamente", havendo "muito que estudar e aproveitar" naquilo que construíram e teorizaram outros povos, "por meio de um ecletismo esclarecido", sem, contudo, copiá-los "servilmente", sem a acomodação aos imperativos da realidade específica para que se quer transplantá-las.

---

[6] PAIM, 2018, p.81.

À revelia dos seus níveis de sucesso ou insucesso, muitas das principais lideranças do Império tinham por pretensão esse evidente casamento entre as contribuições teóricas estrangeiras mais estimulantes e os limites condicionantes da tessitura social do Brasil. Ecletismo, como insinua a própria palavra, mais uma vez, significando "mistura" e "mediação".

Longe de nós o ufanismo, igualmente torto, de asseverar que isso se verifica sempre para o bem. Não há intenção alguma, declaramos desde já, de "dourar pílulas" e criar ilusões de uma lenda idílica ou de um Paraíso perdido. Roberto DaMatta (1936) verá em nossa cultura um casamento, uma intermediação, também, de elementos clânicos, aristocráticos, "familiares", "tribais", e elementos modernos, em um arranjo de difusa assimilação. Se isso pode apontar, por uma perspectiva positiva, a pluralidade de horizontes simbólicos que nos circundam como uma das explicações para a dificuldade de imposição absoluta de totalitarismos e ideias-força supremas sobre toda a sociedade brasileira, por outro lado ensejaria o desenvolvimento de uma cultura extremamente "relacional", em que se buscam sempre o meio e a negociação de tudo, gerando, "no mundo econômico", uma "economia altamente estatizada", mas com uma iniciativa privada "ainda importante", e na religião, por exemplo, um grande incentivo aos sincretismos e heterodoxias. "Moderna e tradicional", a sociedade brasileira teria combinado "o indivíduo e a pessoa, a família e a classe social, a religião e as formas econômicas mais modernas", originando "espaços internos muito bem divididos e que, por isso mesmo, não permitem qualquer código hegemônico ou dominante"[7].

Essa cultura "relacional" se traduziria negativamente no "jeitinho brasileiro", bem como no abuso de autoridade. Nela, DaMatta rastreará a origem do "você sabe com quem está falando?" e do apelo a características comuns (torcer pelo mesmo time, partilhar amizades) para burlar regras e determinações. "O dilema brasileiro", ele diz, está "numa trágica oscilação entre um esqueleto

---

[7] DAMATTA, 1986, p. 80.

nacional feito de leis universais cujo sujeito era o indivíduo e situações onde cada qual se salvava e se despachava como podia, utilizando para isso o seu sistema de relações pessoais", opondo-se "o indivíduo", "sujeito das leis universais que modernizam a sociedade", à "pessoa", "sujeito das relações sociais"[8], restando a "malandragem" e o "jeitinho" como caminhos do meio para fazer com que, na prática, os dois cheguem a um duvidoso acordo.

Na mesma toada se pronunciará Sérgio Buarque de Holanda (1902-1982), no emblemático *Raízes do Brasil*. Tal como Gilberto Freyre enaltece a casa-grande como berço predominante da nossa personalidade geral, Buarque ressaltará a longa elaboração do Brasil no meio rural, donde proviria um "espírito de facção" na política e na vida pública, inspirado pela autoridade inconteste do proprietário de terras e, privando-se o senhor da lavra braçal, também o apreço reinante por "qualidades de imaginação e 'inteligência'" por oposição às "manifestações do espírito prático ou positivo"[9].

Ele também havia concebido, como DaMatta, o espírito "familístico" e "relacional", materializando-se no patrimonialismo enraizado, que tornou não-solucionado no país o dilema de não se separarem por aqui o interesse privado e familiar do interesse público, a ser marcado pela impessoalidade que deveria ser a tônica na máquina do Estado.

É o mesmo que diria Raymundo Faoro (1925-2003), em seu monumental *Os Donos do Poder*, enxergando no Brasil, em prolongamento a um Portugal que assim se teria consolidado desde pelo menos a longínqua Revolução de Avis, o predomínio de um "estamento burocrático, fundado no sistema patrimonial do capitalismo politicamente orientado", adquirindo o "conteúdo aristocrático, da nobreza da toga e do título" e praticamente infenso à Revolução Industrial nos moldes britânicos. Buarque também concordaria com Faoro, quando este afirmou que "a pressão da

---

[8] DAMATTA, 1986, p. 84.
[9] HOLANDA, 2017, p. 97.

ideologia liberal e democrática não quebrou, nem diluiu, nem desfez o patronato político sobre a nação"[10].

Buarque, entretanto, traria ainda uma originalidade: sua teoria do "homem cordial" como "a contribuição brasileira para a civilização". Ele via "a lhaneza no trato, a hospitalidade, a generosidade" como características, ao menos à época, "gabadas por estrangeiros que nos visitam". Isso, a seu ver, era a expressão de "um fundo emotivo extremamente rico e transbordante", distanciado do mero rigorismo de uma disciplina ritual ou da polidez; seria antes uma consequência "do pavor que ele (o homem cordial brasileiro) sente em viver consigo mesmo, em apoiar-se sobre si próprio em todas as circunstâncias da existência", preferindo entregar-se a um "viver nos outros", um intenso desejo de intimidade, um "desconhecimento de qualquer forma de convívio que não seja ditada por uma ética de fundo emotivo"[11].

Se nossa conformação social se estrutura, tal como já se apontou anteriormente, com importantes decantações sociais, seria, na perspicaz e eloquente interpretação de Buarque, o "horror às distâncias" nada menos que "o traço mais específico do espírito brasileiro". Uma vez mais, bem se vê, do início ao fim de um breve passeio por interpretações da brasilidade, retorna, sempre ela, a "mistura", a "mediação", a força imaginativa da busca pela supressão das fissuras e dos abismos e do encontro das diferenças – seja ao preço de, talvez, indesejáveis paradoxos, seja para o gozo bem-vindo de harmonias e coexistências noutras terras inexistentes.

Todas essas perquirições e conclusões, com suas qualidades e defeitos, abertas ao juízo crítico, decorreram, a um só tempo, de duas grandes intenções, algumas mais de uma delas que da outra: o desejo da compreensão da própria natureza e, por consequência, da natureza dos próprios problemas e qualidades, com vistas à identificação dos caminhos a serem seguidos para o futuro, de um lado; e de outro, a seleção de elementos simbólicos, de fontes

---

[10] FAORO, 2000, p.379-380.

[11] HOLANDA, 2017, p. 176-177.

para uma narrativa que sedimente um espírito cívico, uma vinculação, por espírito de pertença, à pátria de nascimento dos brasileiros, a fim de fortalecer-lhes o entusiasmo e o interesse público – segundo outros autores, como Oliveira Viana (1883-1951), escasso, vítima de um "insolidarismo" crônico na cidadania brasileira.

Este livro pretende, quase decorridos os dois séculos desde que se resolveu decretar que não éramos mais Portugal e deveríamos andar somente com nossas próprias pernas, quem quer ou o que quer que fôssemos, resgatar a memória e as ideias de alguns dos grandes personagens históricos que, nos albores do século XIX, pensaram e projetaram um Brasil, um país, calcado em instituições forjadas sob discursos como os do liberalismo doutrinário e do ecletismo. Pretende demonstrar o que há de inspirador em sua obra, suas reflexões e realizações, seus sentimentos e teorias, travando um árduo combate contra as limitações sociais, realizando um empreendimento delicado de construção de uma pátria emancipada, abraçando as contribuições exógenas – como o país sempre fez e como nenhum autor negaria ser de sua natureza –, mas procurando dar-lhes colorido e sustentação nas concretudes do ambiente doméstico.

Tal resgate pretende, também, quando mais intensamente nos perguntamos o que virá pelos próximos duzentos anos e o que podemos fazer para que eles sejam mais reluzentes que aqueles que se encerram, convertendo-se em páginas da História, colaborar para a consecução dos dois objetivos de que falamos há pouco. O leitor pode não estar interessado nos dois propósitos no mesmo grau. Pode achar que um dos dois não tem tanto valor assim. Tudo bem; cada um poderá aproveitar este esforço da maneira que lhe parecer mais conveniente; sustentamos, entretanto, a relevância dos dois propósitos.

Primeiro, o objetivo de cultivar o espírito de patriotismo e de pertença, para aqueles que o valorizam, não deve ser confundido com o interesse fetichista em cultuar o Estado-nação, sem prejuízo, aqui, do respeito que importa votarmos aos símbolos, hinos e emblemas nacionais, como se ele devesse ser uma divindade dos tempos modernos. Não é como se esse Estado-nação devesse estar disposto em um pedestal santificado, figurado em termos absolutos acima das pessoas, da fé ou dos demais corpos intermédios da sociedade e círculos de convivência de cada um, como o valor supremo a reverenciar.

O que se evoca é, em vez disso, um sentimento, uma forma de materializar nos hábitos e no universo imaginário um laço que, como diz o pensador britânico Roger Scruton (1944-2020), foi o único capaz de abrigar as liberdades ocidentais modernas, constantes do "fundamento da ordem política", afinal, "nos países baseados em obediência religiosa e não secular, a liberdade de consciência é um ativo escasso e ameaçado". É simplesmente o cultivo necessário da "identidade histórica" e da "lealdade" que nos "une no corpo político", em uma "primeira pessoa do plural, um 'nós'", indispensável "se os muitos indivíduos existem para ficar juntos, aceitando as opiniões e os desejos dos demais, independentemente das divergências". Um "nós" que se relaciona e dialoga com as bases culturais e civilizacionais, mas que tem de ser, mantida e fortalecida a sua "liga" pela sensibilidade patriótica, um "nós" nacional, e não religioso-denominacional, étnico ou baseado em fragmentações e decantações sociais[12] – especialmente depois que, como diriam autores como Edwar Carr (1892-1982) e Gino Germani (1911-1979), a sociedade moderna assimilou as massas à participação em processos decisórios, em vez de estes se concentrarem nas mãos de uma aristocracia.

Símbolos e referências, elos de solidariedade patriótica, nada disso importará, porém, se não falar à imaginação moral – empregando-se aqui um conceito que, desta ou daquela maneira, se sustenta em pensadores como Irving Babbitt (1865-1933) e Russell Kirk (1918-1944), sedimentando-se a partir de Edmund Burke (1729-1797), que ainda será mencionado outras vezes no decorrer deste livro – com referências de virtude e orientação para enfrentar os dramas comuns à comunidade pátria, a relação de uns com os outros e as atitudes decisivas frente ao mundo e às crises do

---

12 SCRUTON, 2015, p. 55-68.

tempo. É o que conseguem fazer, por exemplo, sem prejuízo do reconhecimento de suas várias limitações humanas, os *fouding fathers* americanos – a miríade de estadistas que, vitoriosa a conflagração pela independência dos Estados Unidos, arquitetaram uma nação calcada nesse mesmo casamento entre a ordem e a liberdade, ajustada a suas características peculiares.

Se temos diferenças e desvantagens em relação a esse país do norte, também tivemos lideranças políticas que, compreendendo que era chegada a hora de dar forma e voz a uma nação autônoma na América portuguesa, procuraram encontrar esse equilíbrio de valores e dar-lhe forma através de instituições adequadas ao temperamento de nossa atmosfera pública – tivemos, em suma, os nossos próprios "pais fundadores", em muitos aspectos sem nada a dever aos pais de outras pátrias. Nosso elo com a pátria será muito mais qualificado se despirmos essas figuras do véu lamentável da negligência e da indiferença e, sem igualmente julgá-las santos a serem glorificados em vãs hagiografias, ressaltarmos o que fizeram, pensaram e idealizaram de bom, a fim de encontrar nelas a inspiração humana para o entusiasmo com as possibilidades de nosso futuro e a boa lavra do presente requisitada para concretizá-las.

Humana, sim, porque a lealdade pátria não se faz a matas, bosques ou campos, ainda que sejam belos e nos felicitemos de andar sobre eles. Ela se faz pelo reconhecimento do bom trabalho que a parcela da espécie humana, sobre determinado território, logrou êxito em efetivar.

Quanto, finalmente, ao segundo propósito, o de encontrar em suas lições e seus esforços práticos e intelectuais por entender a sociedade e projetar uma nação ferramentas úteis ao enfrentamento dos problemas do presente, identificando, é claro, o que têm de similar e em que se afastam, é difícil crer que alguém negue sua importância. Só aqueles que negam completamente o valor da experiência do passado e acreditam que um país é uma tábula rasa sobre a qual possam rascunhar o que bem entendem, como se tudo fosse simples, aritmético, matemático, poderiam fazê-lo. Somente se, de boa-fé, apreciarmos o que pensaram os que deram forma a este conceito "Brasil" e impulsionaram seu desenvolvimento antes de nós, poderemos, compreendendo-nos melhor, em todos os aspectos fundamentais, encontrar os caminhos a seguir. Os pais fundadores não estão sozinhos na lista desses aspectos; sem dúvida, porém, nela se incluem. Nossa modesta contribuição ao esforço que nos deveria ser comum, como brasileiros, é lançar luz sobre eles e, principalmente, sobre o que escreveram e conceberam, bem como as suas próprias referências quando o fizeram.

QUEM SÃO OS PAIS FUNDADORES: CRITÉRIOS DE SELEÇÃO

O conceito de "pais fundadores" ou *founding fathers*, tal como estabelecido nos Estados Unidos, é bastante simples de ser delineado. A expressão, creditada a Warren G. Harding (1865-1923), senador e vigésimo nono presidente dos EUA, é atribuída a todos os líderes e estadistas que assinaram a Declaração de Independência, em 1776, aos que lutaram na guerra de Independência ou aos que assinaram a Constituição do país, onze anos mais tarde.

Os personagens que marcam presença nessa lista apresentavam suas diferenças internas, seus pontos de vista destoantes e particulares concepções quanto ao que deveria ser o futuro daquela nação. Todos, no entanto, ratificaram um projeto que desmontou os laços de vinculação ao Reino Unido e projetou uma união de estados que se pontuariam pelo império da lei e os direitos individuais dos cidadãos, sob a égide do republicanismo.

Há diferenças em relação ao caso brasileiro. Com exceção do patriarca da independência e do imperador, não se firmou o conceito de Pais Fundadores no seio da sociedade, ainda mais levando-se em consideração que a República empreendeu seu esforço por obscurecer seus vultos e os louros de suas biografias. De qualquer modo, embora tenhamos tido nossos grandes estadistas, arquitetando projetos de país e definindo um desenho de futuro, não se pode procurar um ou dois documentos de assinaturas em que esses notáveis obreiros estivessem todos inscritos de uma só vez.

Na sessão do Conselho de Estado, então Conselho dos Procuradores Gerais das Províncias, em que se recomendou o caminho da Independência, estavam alguns dos nomes que entrarão em nossa lista neste livro. Não obstante, o próprio imperador D. Pedro I, então príncipe Pedro de Alcântara (1798-1834), apenas recebeu o comunicado da sessão, enquanto se dirigia ao palco do simbólico momento do Ipiranga – e quem ousaria, a despeito disso, recusar-lhe a centralidade como Pai Fundador?

A memória histórica brasileira não faria justiça aos seus iniciadores se não os reconhecesse diversos e não enxergasse, na própria trajetória monárquica, de 1824 a 1889, uma obra de construção contínua, que encontrará obreiros de ponta a ponta dispostos a encaminhá-la. Quem desconhecerá, por exemplo, que até D. Pedro II (1825-1889), que teve sua Maioridade reivindicada para garantir a unidade nacional, foi um dos alicerces individuais para sedimentar um Brasil e entregá-lo ao futuro, décadas depois de os soldados de seu pai cortarem os laços lusitanos de suas fardas?

É claro que um processo histórico como o da consolidação de uma nacionalidade não é um feito milagroso de um instante ou de um conflito. Porém, sem desmerecer aqueles que acertadamente julgam que certas realizações são maiores que o poder dos indivíduos, rejeitamos a crença em que apenas os ditames das relações econômicas ou de forças impessoais abstratas movem o fluxo histórico. A personalidade tem o seu valor. Aqui se trata de realçá-la.

Se não há uma lista facilitadora contendo todos os nossos Pais Fundadores, unificados em um mesmíssimo instante – ou dois, como se queira – na epopeia inaugural do Estado-nação, importa que adotemos algum critério para elencar os nomes que reunimos nesta limitada lista, sem prejuízo dos valores de tantos outros que optamos por não incluir aqui e sem qualquer caráter de imposição definitiva. Outros autores, em abordagens distintas, fizeram suas próprias listas. A *História dos Fundadores do Império do Brasil*, de Otávio Tarquínio de Sousa (1889-1959), ou a *Coleção Formadores do Brasil*, organizada por Jorge Caldeira (1955), são exemplos de trabalhos que apresentaram seus próprios elencos com o propósito similar de identificar as figuras humanas por trás dos projetos que influenciaram a primordial ideia brasileira. Respeitamos sumamente o produto de sua lavra. Julgamos, porém, que o esquema que construímos neste livro tem também a sua razão de ser particular, que importa deixar clara desde já.

Antes de explicar o motivo de cada personagem ter sido escolhido, temos o dever de justificar certas ausências. Nosso esquema procura demarcar três grandes estágios de assentamento de um Império independente: o processo de emancipação do Brasil à categoria de Reino Unido, simultaneamente à obra de desenvolvimento encabeçada por D. João VI (1767-1826), rei de Portugal, acostumando os nativos a essa nova posição e suas conquistas; os episódios clássicos que levaram ao rompimento com as Cortes lusitanas e a consagração de um projeto de independência vitorioso centrado na Coroa do Rio de Janeiro; e, finalmente, o esforço bélico para consolidar essa vitória e sacramentar, com suor e sangue brasileiros, a derrota das resistências.

Mais ainda do que apresentar a História, tal como os livros tipicamente dedicados à matéria já o fazem, e escrever biografias objetivas, nosso interesse maior é trazer à tona o que nossos personagens *pensaram* em sua época, o que os inspirava quando escreviam ou discursavam acerca da obra que realizavam, para que nossos compatriotas de hoje se sintam estimulados a submergir em suas fontes primárias e refletir sobre o alcance de seus projetos e concepções e o quanto de seu espírito poderia servir à contemporaneidade. Haverá grande espaço, portanto, a uma análise livre de seus textos, procurando manter a máxima fidelidade aos seus anseios e proposições, em um projeto de curadoria do labor intelectual que executaram antes e durante suas realizações práticas.

Nesse escopo, é inegável o valor de figuras como o próprio rei D. João, que possibilitou as condições capazes de, no então futuro próximo, ensejar o desgarrar do gigante filho americano de Portugal, e alguns de seus ministros e outras lideranças da época. Não estava nos planos do rei, no entanto, é evidente, perder o seu reinado; se, em certo sentido, ele é "fundador" de uma empresa profunda de construção sem a qual a ideia de um Brasil orbitando a Coroa de seu filho muito provavelmente não se viabilizaria, por outro seria um contrassenso apontá-lo como um ícone da Independência.

D. João VI não está em nossa lista, mas será, em quase todos os capítulos, uma presença sentida, experimentada através das bases que proporcionou. Figuras como Hipólito José da Costa (1774-1823), patrono da imprensa brasileira e editor do *Correio Braziliense*, influente sobre a sedimentação da ideia liberal no país, mas que editava seu jornal a partir de Londres e não residia em nosso Império tropical nos idos de 1822, ou Silvestre Pinheiro Ferreira, reputado por Antonio Paim como o mais importante teórico português do sistema representativo a influenciar a elite monárquica, também aparecem, sobretudo ao começo, em menções laterais.

Em nossa lista, por razões de óbvio teor cronológico, também não encabeçarão capítulos os nomes importantes do Período Regencial e do Segundo Reinado, em que pese o valor de suas decisões e iniciativas na garantia de unidade do território e no desenvolvimento das instituições. Nomes como Bernardo Pereira de Vasconcelos (1795-1850), Diogo Feijó (1784-1843) e Evaristo da Veiga (1799-1837), que já receberam atenção de autores como Tarquínio e Caldeira e representam o tripé do grupo consagrado na historiografia pela alcunha de "liberais moderados", em vários sentidos responsáveis pelo encaminhamento adotado pelo país ao enfrentar as convulsões regenciais e estabelecer a sucessão da Coroa para seu segundo e último portador, não recebem esse destaque em nosso livro.

Da mesma forma, estão fora seus contemporâneos e herdeiros que conseguiram conformar as correntes de opinião majoritárias dentro do próprio grupo dos "liberais moderados" ao figurino de associações, que hoje chamamos partidos, essencialmente os saquaremas ("conservadores") e os luzias ("liberais"), delineando o que seria a vida política até a Proclamação da República. Nomes como o visconde do Uruguai, pelo lado dos saquaremas, ou Tavares Bastos (1813-1893), pelo lado dos luzias, bastante identificados ao conflito nuclear da época entre a defesa de instituições como o Poder Moderador sem referenda dos ministros e o Conselho de Estado e a maior ou menor rejeição à descentralização do Ato Adicional de 1834, também não estão dentro do escopo deste livro, que não pretende abarcar essas divisões marcantes a partir dos arredores da metade do século XIX.

Excluem-se, do mesmo modo, notáveis abolicionistas, como Joaquim Nabuco (1849-1910), ainda que possamos concordar com sua tese de que a obra da Independência efetivamente se termina de laurear com a obra da abolição da mancha da escravatura, bem como outros nomes do eclipse da monarquia e advento da República, como o Barão do Rio Branco (1845-1912), central nas disputas diplomáticas de território e representado nos vitrais da *Washington National Cathedral* como símbolo do Brasil, ao lado de líderes de movimentos de emancipação da América Latina, como Simón Bolívar (1783-1830).

Igualmente, personalidades como o Frei Caneca (1779-1825), liderança na revolta da Confederação do Equador em 1824, não são contempladas, por razões objetivas: seus projetos de emancipação não vingaram. O projeto vencedor foi o empreendido em torno das lideranças oriundas de Rio de Janeiro – São Paulo – Minas, e é sobre ele, em suas qualidades e defeitos, que precisamos nos debruçar. Cabe notar que, embora essas regiões tenham sido o centro do processo, houve adesão relevante nas demais províncias, sem o que o triunfo se inviabilizaria. Faz pouco sentido seguir certas avaliações de historiadores que, movidos por suas simpatias ao movimento revolucionário pernambucano, asseveram ter sido a emancipação vitoriosa tão-somente um convescote da corte fluminense.

Basta perceber que o último nome que apresentaremos em nossa lista será o de uma corajosa baiana que, naquele estado nordestino, encampou a luta em nome do imperador brasileiro há pouco proclamado.

Isso posto, importa agora elucidarmos os nomes dos Pais Fundadores que decidimos reunir. Do primeiro dos estágios que chamamos de assentamento do Império independente – o processo de desenvolvimento do Reino Unido e o início das tensões com as Cortes Portuguesas –, extraímos um personagem de proeminência, que estava bastante ligado à Coroa de D. João VI, sustentou a elevação de patamar do Brasil a Reino e converteu-se, na reta final, ao influxo independentista. Trata-se do visconde de Cairu (1756-1835), título de nobreza de José da Silva Lisboa, nascido justamente em Salvador. Economista, jurista, publicista, Cairu foi deputado da Real Junta do Comércio, desembargador da Casa da Suplicação e ocupou, entre vários outros cargos e funções junto à Corte, a lista de membros da Junta para o exame das leis constitucionais discutidas nas Cortes portuguesas, depois da Revolução Liberal do Porto de 1821.

Quando a relação entre os brasileiros e as Cortes portuguesas começou a se tornar intolerável, Cairu, que sustentava a conciliação, não tardou em conceder seu apoio a D. Pedro I, cuja Coroa no Rio de Janeiro já defendia. Erudito, defendeu as importantes medidas da abertura dos portos do Brasil às nações amigas e o fim da proibição das manufaturas no país, e sua visão de sociedade e política, solidamente testemunhada através de seus escritos, perfazia a aliança da economia liberal inglesa de Adam Smith (1723-1790) e o conservadorismo inspirado no estadista britânico do velho partido Whig, Edmund Burke.

Nosso segundo nome é inequívoco em basicamente qualquer coletânea do gênero. José Bonifácio de Andrada e Silva (1763-1838), alcunhado de patriarca da Independência, mineralogista de Santos, apoiador de D. Pedro I, seu conselheiro e ministro, se faz presente em todos os episódios máximos daquela primeira metade do século. Defensor contumaz da conciliação entre Portugal e Brasil, com a manutenção do Reino Unido, torna-se fervoroso defensor da separação, quando esta se impõe. Esteve, como seu irmão Martim Francisco Ribeiro de Andrada (1775-1844), no Conselho de Estado que assinou a Independência, bem como na malfadada Constituinte de 1823. Embora exilado, quando da dissolução desta última, foi convocado, ao retornar, pelo próprio D. Pedro I, por ocasião de sua abdicação do trono, para a mais sagrada das missões, a última de sua vida pública: a tutoria do infante D. Pedro II.

Espírito formado no receio das revoluções abstratas de índole francesa, temendo ousadias quase republicanas em uma constituinte brasileira sedimentada em liberalismos excessivamente descentralizadores e, a seu ver, alheios à tessitura social possível na América portuguesa, Bonifácio se fez campeão da força da Coroa e da monarquia constitucional. Por paradoxal que isso possa parecer a alguns, era, porém, um profundo teórico e ativista do reformismo estrutural, propugnando a abolição gradual da escravatura, a inserção social dos indígenas e, mais do que tudo, antecipando-se ao grande discurso de síntese nacional que grassaria no século seguinte, o da "mistura", ao assumir a bandeira da "miscigenação" como promotora da nacionalidade. Seus também muitos textos permitem travar contato direto com suas sensibilidades estéticas, seus gostos, frustrações, anseios e seu grande sonho: a "Atenas da América", um país que não fugisse à sua personalidade e à colorida mistura em que se deveria constituir, mas que também se convertesse em um sublime e produtivo palco para o saber.

Dispensando excessivos partidarismos e mostrando os diferentes lados do espectro fundante brasileiro – assim como os Pais Fundadores dos Estados Unidos também tinham visões distintas entre si –, encabeça nosso terceiro capítulo a figura de Joaquim Gonçalves Ledo (1781-1847), do Rio de Janeiro, que veio a se tornar desafeto e adversário de Bonifácio. Jornalista, fundador do *Reverbéro Constitucional Fluminense*, Ledo foi ativo defensor do projeto da Independência e esteve no Conselho de Estado, assim como seu amigo, José Clemente Pereira (1797-1854). Apesar de lhe sobrarem poucos registros, havendo escassa historiografia a seu respeito e rumores de que incinerou parte do seu material próprio sobre sua participação na Independência, Ledo marca presença como o principal nome das forças da maçonaria fluminense, marcadamente liberais e nativistas, que perfilaram na defesa da emancipação. O capítulo também dedica um espaço para analisar a presença e o papel dessa instituição, a maçonaria, nos albores da História pátria.

A Independência, mantendo o Brasil coeso, só se faria possível se houvesse um símbolo factível de entrelaçar as províncias em seu entorno. Este símbolo seria uma Coroa, que nos fizesse um único Reino – não o Reino de Lisboa, mas o do Rio de Janeiro. Este símbolo, o imperador, o filho dos Bragança que preferiu abrir mão do trono de sua pátria de origem para criar uma nova, Pedro de Alcântara, não poderia deixar de ser o quarto de nossa lista de Pais Fundadores.

Quando alguém aponta que um personagem histórico é controverso, diz apenas o óbvio; todos terão sempre seus críticos, justos e injustos. É possível enxergar o D. Pedro que não conseguiu se compatibilizar aos ardores nativistas dos liberais brasileiros e se viu forçado a abdicar; possível também apontar o marido infiel, criticado pelo próprio Bonifácio pela maneira por que tratava com distinção sua principal amante, Domitila de Castro (1797-1867), a Marquesa de Santos. É possível ver em D. Pedro, como via Otávio Tarquínio em sua biografia sobre nosso primeiro imperador, uma personalidade voluntariosa, que se viu em dificuldades de temperamento para se harmonizar com o desenvolvimento de instituições representativas, ainda que teoricamente não se antagonizasse a elas.

Não é possível, porém, negar sua fundamental importância para a Independência e as qualidades que o fizeram disputado como soberano por países como a Grécia, que chegou a convidá-lo para reinar sobre seu povo. Não é possível desconhecer a intrepidez de seus últimos dias, repercutindo seu pendor para a glória e os grandes feitos, quando liderou a batalha em Portugal para entregar o trono, usurpado pelo irmão D. Miguel I (1802-1866), à filha D. Maria II (1819-1853).

Não é possível desconhecer as palavras de Evaristo da Veiga, que esteve ao lado dos liberais a reivindicar sua retirada do trono, mas pontificou, quando de sua morte: "O ex-imperador do Brasil não foi um príncipe de ordinária medida (...) e a Providência o tornou um instrumento poderoso de libertação, quer no

Brasil, quer em Portugal. Se existimos como corpo de nação livre, se a nossa terra não foi retalhada em pequenas repúblicas inimigas, onde só dominasse a anarquia e o espírito militar, devemo-lo muito à resolução que tomou de ficar entre nós, de soltar o primeiro grito de nossa Independência. Portugal, se foi livre da mais negra e aviltante tirania (...), se goza dos benefícios que aos povos cultos assegura a fruição do regime representativo, deve-o a D. Pedro de Alcântara, cujas fadigas, sofrimentos e sacrifícios pela causa portuguesa lhe mereceram em grau subido o tributo da gratidão nacional"[13].

Nesse capítulo, dando destaque ao processo pela perspectiva da própria Coroa, mostraremos os motivos da Independência tais como entendidos pelo próprio príncipe Pedro e também o mostraremos como amante das "novas ideias", como o definia sua esposa. Isso significa que D. Pedro era pessoalmente influenciado por teses liberais próprias de seu tempo, especialmente a filosofia de Benjamin Constant de Rebecque, contendo a inspiração para o Poder Moderador. Esse capítulo oferece ainda a oportunidade de examinar ligeiramente a Constituição de 1824, que vigorou por sessenta e cinco anos e foi a primeira Carta Magna do Brasil.

Por falar em esposa, a princesa Maria Leopoldina de Áustria (1797-1826), casando-se jovem com o príncipe D. Pedro dentro do velho costume monárquico das articulações dinásticas entre reinos, é o quinto nome – uma "Mãe Fundadora". Se sua formação na Casa de Habsburgo-Lorena não fazia dela uma nobre propriamente afeiçoada às teorias do liberalismo, foi muito querida ao povo do Brasil e assumiu a regência durante a viagem de D. Pedro, naquele decisivo setembro de 1822. No dia 2, foi ela quem presidiu a sessão do Conselho de Estado responsável por ensejar a separação.

Mulher erudita, interessada em ciências naturais, por isso mesmo espírito afim a Bonifácio, logo Leopoldina assumiu a posição de proeminência que lhe coube, assumiu a frente e, em carta

---

[13] SOUSA, 2015, p. 1036.

decidida, dirigiu-se ao marido, a quem foi fervorosamente fiel até o fim, suportando as traições e humilhações, com o firme recado: "O pomo está maduro, colhe-o já, senão apodrece". Esteve à testa, portanto, a filha da Corte absoluta austríaca, da emergência de um novo país, de Constituição influenciada pelo liberalismo oitocentista.

Nosso último capítulo se destina a desmontar um mito: o de que nossa separação de Portugal foi conquista tranquila, inteiramente pacífica, despida de insatisfações revoltosas e conflitos sangrentos. Em diferentes províncias, houve confronto, principalmente no norte e no nordeste. Na Bahia, ressalva-se um símbolo feminino que, de maneira ímpar, fez de sua biografia um romance ficcional praticamente perfeito: Maria Quitéria de Jesus Medeiros (1792-1853), nascida em Feira de Santana, que fez questão de se integrar às Armas, sob a alcunha de "Soldado Medeiros", para batalhar pela independência do Brasil, vindo a ser condecorada pelo próprio imperador. Com direito a menções laterais a outros nomes relevantes do berço da trajetória das Forças Armadas pátrias, daqueles que arriscaram as vidas diretamente para garantir a soberania, esta segunda "Mãe Fundadora", sexto e derradeiro nome de nossa lista, aqui está como representação de tantos heróis e heroínas por vezes esquecidos, que refulgiram longe do realce da Corte.

Cairu, Bonifácio, Ledo, D. Pedro, D. Leopoldina e Maria Quitéria estabelecem uma sequência lógica encadeada que, da sementeira de um grande projeto, passando pelo seu cultivo e o instante decisivo de sua alavancagem, culmina com os sacrifícios e lutas para que se efetivasse. Cremos fazer todo o sentido, portanto, representar através deles a fundação de uma obra que, naturalmente, permanece em curso, pesando sobre os ombros de cada brasileiro a tarefa de continuamente revalorizá-la e ressignificá-la, a partir do melhor testemunho da própria vida – sem, contudo, esquecer aqueles que tanto fizeram para que fosse possível chegar até aqui.

Um povo sem memória, um país que se limita a desprezar seu passado, se condena a tentar construir sobre a areia. Não há que se querer simplesmente "refundar" o Brasil, como se sobre seu solo só se tivessem construído a desonradez e a infâmia. Este seria o caminho mais curto para o fracasso.

A sociedade posiciona aqueles que hoje vivem como intermediação entre os que se foram e os que estão por vir; é nosso dever – dos que vivemos hoje – garantir que os segundos possam, em suas melhores e mais vivas contribuições, chegar aos terceiros. Este livro é uma modesta tentativa de ajudar a tomar parte nessa missão que é de todos nós e, nem por isso, menos nobre.

1. VISCONDE DE CAIRU E A EMANCIPAÇÃO DO REINO UNIDO

PRELÚDIOS NA ERA COLONIAL

Nossa epopeia terá início no momento em que irrompe o caldo que, entre 1808 e 1822, provocará o corte do cordão umbilical unindo nossas imensas terras a seus pais lusitanos: na chegada da Família Real ao Rio de Janeiro. Há, porém, alguns fatos anteriores a enumerar.

Durante os longos séculos que antecederam aquele momento, o Brasil havia sido extensão dos domínios da Coroa portuguesa. O povo de Afonso Henriques (1109-1185), forjado na luta cruenta contra os mouros na Península Ibérica, instigado à excursão pelos mares sob os influxos do anseio pelas especiarias e pelo alastramento da Cristandade, tutelava e construía a vida brasileira desde os tempos em que a esquadra de Pedro Álvares Cabral (1467 ou 1468-1520) avistou, em 22 de abril de 1500, o monte Pascoal, e pôs os pés em Porto Seguro.

O pequeno Portugal mantinha sob seus domínios o mais longevo império colonial. A parcela desse império que compunha aquilo que futuramente seria o Brasil era, de longe, a maior concentração de terra. De Manuel I, o Venturoso (1469-1521) até D. João VI, passando por João III, o Piedoso (1502-1557); a Regente Catarina de Áustria (1507-1578); Sebastião I, o Desejado (1554-1578); Henrique I, o Casto (1512-1580); D. Filipe I (1581-1598), D. Filipe II (1598-1621) e D. Filipe III (1621-1640) – estes três últimos monarcas espanhóis, durante o período da União Ibérica -; D. João IV, o Restaurador (1604-1656); a Regente Luísa de Gusmão (1813-1666); Afonso VI, o Vitorioso (1643-1683); Pedro II, o Pacífico (1648-1706); D. João V, o Magnânimo (1689-1750); D. José I, o Reformador (1714-1777); o casal D. Maria I, a Piedosa (1734-1816) e Pedro III, o Edificador (seu rei-consorte, 1717-1786), o território hoje brasileiro atravessou a história de Portugal submetido à Coroa de dezesseis monarcas, entre reis, rainhas e regentes. Foi também administrado sob diversos regimes, desde as famosas capitanias hereditárias e sesmarias, passando pelos governos-gerais. Foi foco de interesse da sua metrópole em níveis e por motivos diferenciados; ora estava em voga o pau-brasil, o açúcar ou o ouro.

Essa história que se desenvolve entre 1500 e 1808 está repleta de momentos de relevo e aprofundamentos riquíssimos. Trezentos e oito anos de gestação e desenvolvimento de uma sociedade que gradativamente adquire características próprias, distinguindo-se de suas matrizes, já elas em si mesmas tão plurais, não podem ser, de maneira alguma, subestimados impunemente, na investigação dos profundos impactos exercidos sobre as preferências, hábitos, ritmos e a psicologia profunda de nosso povo.

Desse vastíssimo período, entretanto, aqui nos restringiremos a ressaltar três episódios, ou, se preferirem, temas, objetivamente importantes para os fatos, questões e personagens da fase de emancipação que é nosso foco.

O primeiro deles é a Batalha dos Guararapes, episódio mais fulgurante da chamada Insurreição Pernambucana. Dividida em dois confrontos, o primeiro entre 18 e 19 de abril de 1648 e o segundo em 19 de fevereiro de 1649, ela foi o embate mais memorável entre as forças do Reino português e as forças holandesas, travado para expulsar estas últimas do território pernambucano.

O motivo para o seu realce reside não apenas em sua centralidade de importância para a retirada de cena dos holandeses da região; está na sua representatividade simbólica. Em Guararapes tombaram, lado a lado, além dos portugueses e holandeses, também, ingleses, franceses e poloneses, mas igualmente, e eis o mais relevante, negros africanos e índios tupis e tapuias.

Que de mais simbólico poderia haver que os principais grupos étnicos, as "três raças" do mito brasileiro descrito por autores como Roberto DaMatta, Darcy Ribeiro (1922-1997) e Freyre, sacrificando sua segurança e suas vidas para expurgar um invasor? Ali havia um exército que, se não agia de outro modo que não em subordinação aos interesses portugueses, não era exclusivamente português, mas emblematicamente doméstico, local, por isso mesmo plural e nativista.

A Batalha de Guararapes é um símbolo tão poderoso de formação da nacionalidade brasileira, antes mesmo de essa nacionalidade existir conectada à concepção propriamente dita de um Estado nacional soberano, que foi entoada em prosa e verso, por exemplo, pelos sambas-enredo de uma tradicional escola de samba do Rio de Janeiro, o Império Serrano, em mais de uma ocasião. Em 1968, os sambistas homenagearam "Pernambuco, o Leão do Norte", imortalizando na letra de sua canção "esta admirável página que o passado deixou", página que "enaltece a nossa raça". O samba rende glória "a Vidal de Negreiros e aos seus companheiros que, na luta contra os holandeses, em defesa ao Leão do Norte, arriscaram suas vidas, preferiram a morte", abrilhantando Pernambuco na história como "orgulho da federação".

O segundo tema, que na verdade é um conjunto de episódios, envolve as chamadas Revoltas Nativistas, que atravessam o período colonial. Esse fenômeno se vulgariza particularmente a partir dos séculos XVII e XVIII, em prelúdio ao que viria a ser efetivamente a independência brasileira.

São movimentos de insatisfação com medidas da Coroa portuguesa ou com alterações na conjuntura da metrópole. O marco inaugural é prova das limitações e diversidades presentes no contexto dessas revoltas: a revolta pela Aclamação de Amador Bueno (1584-1649), em 1641. Quando do fim da União Ibérica, triunfante a Restauração Portuguesa, alguns moradores de São Paulo, influentes lideranças castelhanas, desgostosas com o desfecho dos fatos, quiseram coroar Amador, proprietário de terras e administrador local, como novo rei do território. Ele, porém, preferiu manter a fidelidade ao rei português.

Não havia, no episódio, como se vê, um sentimento consolidado de "brasilidade" como móvel; ao contrário, o que motivou os conspiradores foi sua afinidade com a Espanha e seu mero desejo de se subtraírem à soberania de Lisboa. De norte a sul do país, o que se viu foi a ebulição de conflitos e protestos que se configuravam de maneiras descoordenadas e diversificadas, sem um substrato unívoco, embora Portugal fosse seu inimigo comum.

Sem nenhum contorno bem definido, sem qualquer traço da coesão necessária para conformar com sucesso a luta de um povo, vinculado a todo o território do futuro país independente e a um senso de percepção de uma história comum, para se separar de outro povo que julgava alheio aos seus interesses; sem que, portanto, a possibilidade de "cortar os laços" já estivesse madura, aqueles eram, porém, sintomas de um inconformismo com os limites estabelecidos pela relação colonial, inconformismo esse bastante próprio de seu tempo.

As ideias iluministas chegavam ao conhecimento das Américas; os Estados Unidos da América, em 1776, desfraldando bandeiras como a liberdade e a ordem, conquistavam sua independência do Reino Unido. Da mesma forma, ao redor do Brasil, a América Espanhola se dissolvia em insurreições que disseminaram dezenas de pequenas Repúblicas, marcadas por instabilidades profundas e pelo domínio de caudilhos. As contradições e limites da realidade se impunham, mas anseios por autonomia, autossuficiência, pelo desfrutar de bens imateriais que se acreditava poderem ser alcançados mediante a substituição de regimes políticos – com a limitação das monarquias tradicionais e absolutas, pela determinação de regras claras através das Constituições –, faziam fervilhar todo este então mundo novo, construído pelas potestades europeias, mas enfim disposto a ser algo diferente, a se tornar senhor de si mesmo e seguir o seu próprio caminho.

Esse quadro chegou aos brasileiros. Eis porque na Guerra dos Mascates, nos setecentos, os senhores de engenho locais, revoltados com os comerciantes reinóis, já bradavam a palavrinha mágica: República. Assim também o fariam os pernambucanos bem mais tarde, na Revolução Pernambucana de 1817 e na Confederação do Equador de 1824, sob a mentoria de Frei Caneca.

Também houve, entretanto, a revolta em Palmares, em que os escravos fugidos, organizados no célebre quilombo, chegaram a resistir por cerca de oito décadas às autoridades portuguesas, sem que, obviamente, qualquer princípio iluminista estivesse por trás do poderio dos chefes, Ganga Zumba (1630-1678) e seu sobrinho Zumbi (1655-1695).

Pode ser citada ainda a Inconfidência Mineira, uma conspiração impedida antes mesmo de levada a efeito, reunindo lideranças insatisfeitas com os impostos, de índole essencialmente republicana, arquitetada por contadores, poetas e padres, cuja figura mais conhecida é o icônico alferes Joaquim José da Silva Xavier, o Tiradentes (1746-1792), único integrante que seria executado. Ou a Conjuração Baiana, que mesclava ideias-força profundamente transformadoras como República, democracia e fim da escravidão, mobilizada no final do século XVIII por sapateiros, alfaiates e ex-escravos, com a ilustre presença de Cipriano Barata (1762-1838), liberal republicano que seria inspiração para os liberais mais radicais durante o Império. Ou ainda a Conjuração Carioca, que mais não foi que a repressão a uma suposta sociedade de intelectuais conspiradores no Rio de Janeiro que, sem provas de culpa, foram liberados.

Se todos esses episódios dizem muito sobre o começo de um fervilhar autonomista, nenhum deles encontrou condições materiais de concretizar seus objetivos e alcançar o poder. Todos foram detidos antes mesmo de se concretizarem em levantes ou foram duramente reprimidos. Foram ensaios, prenúncios, mas o projeto bem-sucedido, representado pelos personagens que realçamos neste livro, dependeria de um núcleo de fatores e de princípios que não se viabilizaram em nenhum desses movimentos. Cada tópico, porém, a seu tempo.

Antes, precisamos destacar o terceiro tema que nos importa: o impacto de Sebastião de Carvalho e Melo (1699-1782), o marquês de Pombal. Esse personagem relevante da história portuguesa, igualmente central para a epopeia do Brasil colonial, tomara parte no primeiro ministério do rei D. José I. Antonio Paim, em seu *História do Liberalismo Brasileiro*, registra que ele "teve ascendência completa no governo e carta branca para realizar grandes reformas" em virtude da "energia demonstrada em face do terremoto que, na manhã de 1º de novembro de 1855, destruiu Lisboa quase completamente"[14]. O detalhe crucial, entretanto, é que havia sido, antes de ser ministro, embaixador em Londres.

Essa experiência em terras britânicas facultou a Pombal um contato transformador com o progresso técnico, econômico e científico vivenciado pelos ingleses. Surgiu daí um natural desejo de transplantar os fatores que o permitiram para os domínios portugueses. A explicação do sucesso, para Pombal, estava na ciência. É por isso que, segundo Paim, data de sua gestão "o entendimento cientificista da ciência, que ainda se encontra presente na realidade brasileira"[15].

Pôs mãos à obra abolindo a expressão dos jesuítas sobre o ensino nas províncias do Brasil, banindo-os de Portugal e das colônias, e proibindo, diz Paim, "a interdição que até então existia em relação à física de Newton"[16]. Criou companhias estatais de comércio, promoveu a indústria manufatureira, reformou o Exército; executou, em suma, uma vasta série de reformas econômicas capitaneadas pelo Estado e de viés centralizador, que ele acreditava refletirem a orientação científica.

Isso porque, se estava rendido à sua leitura particular do sucesso britânico, Pombal, além de preservar o figurino tradicional da monarquia portuguesa, sem estabelecer reformas constitucionalistas, isto é, politicamente liberais, era adepto das teorias mercantilistas, entronizando a cultura da supremacia da burocracia estatal sobre a atividade econômica, por oposição às teses liberais econômicas de Adam Smith – só depois presentes em cabeças expressivas do país, algo que surtiria certos efeitos, como veremos logo a seguir.

Para Paim, algumas das decisões de Pombal, como a de extinguir as capitanias hereditárias remanescentes e eliminar o estado

---

[14] PAIM, 2018, p. 31.
[15] PAIM, 2018, p. 36.
[16] PAIM, 2018, p. 31.

do Maranhão, "que se vinculava diretamente à metrópole", "contribuíram para cimentar a unidade nacional, que se evidenciaria como elemento capital no processo da independência"[17]. Também foi Pombal quem transformou o Rio de Janeiro, em 1763, na capital administrativa da América Portuguesa – como seria, por todo o Império e até a década de 60 do século XX, a capital do país independente. Antes, a posição cabia a Salvador.

Pombal é demitido quando D. Maria I assume o trono, falecendo em 1782, após ser feito um esforço oficial do governo por minimizar seu impacto sobre toda a extensão do império português. Isso não foi possível, devido àquela que é a repercussão de seu legado que mais nos importa aqui: a "criação de uma elite possuidora do conhecimento de seu tempo", de uma geração "educada no respeito à ciência" e que "aderira ao projeto de conquistar a riqueza"[18]. Pombal criou a primeira escola de comércio do mundo, organizou um Colégio de Nobres, importou a *expertise* de França e Inglaterra, na forma de professores e instrumentos, e reformulou a Universidade de Coimbra.

Homens públicos e inteligências que se formam nesse período constituirão uma espécie de "elite coimbrã" que será decisiva nos anos de D. João VI e, posteriormente, nos processos da Independência. Forma-se aí o que o professor Christian Lynch[19] chamaria de "reformismo ilustrado".

O conservadorismo de Edmund Burke, estadista irlandês que se indispôs contra a Revolução Francesa, como ainda veremos em mais detalhes, é recepcionado em um país que não era nem convulsionado por uma revolução similar à da França, nem marcado pelo liberalismo democrático fundante dos Estados Unidos ou nas tradições institucionais liberais dos britânicos (fator a que Pombal não dedicou tanta atenção), mas sim marcado por um "Antigo Regime" colonial e escravista sob a monarquia lusitana de D. João VI.

---

17 PAIM, 2018, p. 33.
18 PAIM, 2018, p. 32.
19 LYNCH, 2017.

Por isso, se sua característica original era a resistência à transformação radical, profunda e imediata da tessitura social – sem, entretanto, abraçar o imobilismo e rechaçar toda e qualquer mudança –, no Brasil, a elite gestada nos corredores científicos de Coimbra articulou o temperamento hostil à revolução e à desordem com o desejo de transformações mais ou menos profundas. Criou-se "um reformismo lento e gradual", visando não a produzir revoluções e convulsões estruturais, mas antes preveni-las, se substituindo previamente ao recurso a soluções extremas.

Ganhou força a ideia de que, para preservar o Estado e a tessitura social – em nosso caso, a conexão com o imaginário monárquico, a unidade em torno de uma Coroa e da dinastia Bragança –, seria preciso saber mudá-los e entender suas demandas concretas. Esse grupo, em maioria, sustentará soluções conciliatórias aos problemas que despontam, preservando a unidade entre Brasil e Portugal, mas se tornará, sempre imbuído de seu desejo por ordem e prudência, sem o mergulho no caos, o campeão da emancipação nacional, quando sua necessidade se fez imposta. Da "elite coimbrã" emergirão nomes como os do visconde de Cairu e de José Bonifácio. A Coimbra de Pombal foi, pois, o berço de parcela significativa dos homens que planejaram e idealizaram o Brasil soberano.

Antes, porém, que nos debrucemos diretamente sobre eles, importa considerar o desenrolar do período joanino, a partir do qual os nativos começaram a experimentar o "gostinho" de uma autossuficiência e de um *status* novo, especial, de que mais adiante não aceitariam abrir mão. Eis o que faremos a partir de agora.

O PERÍODO JOANINO E O REINO UNIDO

O pontapé para que o Brasil conseguisse "casar" o desejo por caminhar apenas com as próprias pernas com a possibilidade concreta de realizá-lo foi proporcionado pelo chamado período joanino. Uma das fontes mais brilhantes para reconstruir aquele país do começo do século XIX é o clássico *D. João VI no Brasil*, de Oliveira Lima (1867-1928).

Lima dirá que o monarca português poderia ser visto como "o verdadeiro fundador da nacionalidade brasileira". Com certo lirismo, o autor pontua ainda que ele foi e é "um rei popular" entre os brasileiros, comparado aos seus antecessores; os principais motivos residiriam no seu sincero apego à terra nova em que aportou, forçado pelas terríveis circunstâncias; "na sincera amizade testemunhada pelo soberano português à sua principal colônia" e na conexão que se estabeleceu "entre a sua personalidade e o meio"[20]. Um sentimento, aliás, que apimentou as tensões que se criaram entre brasileiros e lisboetas.

Nada disso evitou que as representações de D. João VI na cultura popular tenham se tornado algo satíricas e rocambolescas. Em termos gerais, procurando ser justo, Lima apresenta o monarca como alguém que "não foi o que se pode chamar de um grande soberano, de quem seja lícito referir brilhantes proezas militares ou golpes audaciosos", mas que se destacava pelo "senso prático ou de governo"[21]. Teria sido esse senso a impeli-lo ao translado da Corte portuguesa para o Rio de Janeiro, muito mais judiciosamente que a simples covardia, como pintam seus caricaturistas detratores.

A ideia já havia sido acalentada antes, por exemplo, em 1640, quando a França abandonou Portugal no Congresso de Münster durante a batalha pela Restauração e o padre Antônio Vieira (1608-1697) sugeriu ao rei D. João IV a mesma proposta. Da mesma forma, apareceu em outras oportunidades, como através da pregação do diplomata Luís da Cunha (1662-1749) e como uma especulação do próprio Pombal. Era uma proposta antiga, portanto, cujas justificativas geralmente envolviam um denominador comum: situar a sede do vasto império além-mar, afastada das potências europeias e, em consequência, das turbulências políticas do Velho Mundo que ameaçavam a soberania portuguesa, seria uma garantia maior não apenas de segurança para os próprios nobres, mas de que a Coroa e sua história de séculos subsistiriam.

---

20 LIMA, 1996, p. 21.

21 LIMA, 1996, p. 577.

Tornava-se uma alternativa ainda mais interessante caso inserida na balança a pequenez geográfica e bélica de Portugal, em comparação com seus vizinhos maiores, desaconselhando a aposta em confrontos diretos.

A necessidade de recorrer a esse posicionamento estratégico em 1807 somente se viu precipitada pelas aventuras de Napoleão Bonaparte (1769-1821) e foi aconselhada por ministros de D. João VI, como D. Rodrigo de Souza Coutinho (1755-1812), amigo de José Bonifácio e figura proeminente na Corte, a quem Otávio Tarquínio define como "curiosa figura, homem ansioso de renovação e de progresso, mas ao mesmo tempo na disposição nada democrática na forma, de favorecer o povo, de desenvolver o país, de aproveitar os vastos recursos das colônias portuguesas"[22].

O contexto era o das Guerras Napoleônicas. Desde 1789, o mundo vinha sendo sacudido sob o impacto da Revolução Francesa. Aquele acontecimento magno e destrutivo, que assombrava as instituições tradicionais do Velho Mundo com a força de seu lema "liberdade, igualdade e fraternidade" – na prática, traduzindo-se em guilhotina e cabeças cortadas –, para o bem ou para o mal, determinou que nada seria como antes. Um movimento de grupos radicais, massas e camponeses subverteu toda a estrutura social francesa, sob o pretexto inicial da derrubada dos privilégios e dos desgastes do regime absolutista, ao ponto de estabelecer novo calendário e perseguir a religião católica, pondo em seu lugar o culto à Razão.

As monarquias da Europa temiam, levadas a isso por prevenções algo justificadas diante da experiência recente, que a mera sugestão de ideias liberais e a realização de Assembleias Constituintes que podassem os poderes dos reis e estabelecessem estruturas representativas desembocasse no sangue derramado pela "política filosófica" dos revolucionários franceses, hostil aos longevos edifícios erguidos pela história cultural dos povos, sedenta por substituí-los por suas imposições teóricas e pelos abstratos

---

[22] SOUSA, 2015, p. 77.

"direitos do homem". Essas prevenções, inclusive, moldariam as consciências de alguns dos estadistas que fundariam o Brasil.

A Revolução Francesa culmina, passando pela fase de auge do terror com a República dos jacobinos, no regime de força do popular general Napoleão, coroando-se imperador e ungindo-se da missão de consolidar as realizações revolucionárias. "Ao sentar-se no trono", sintetizou Oliveira Lima, "Bonaparte sonhou com a ressurreição de uma Roma imperial, núcleo e centro de uma porção de estados tributários, governados no mesmo espírito, sob as mesmas leis e por príncipes da mesma casa, gravitando como satélites em volta da França"[23]. Sua atuação, movida por tais propósitos ambiciosos, logo se traduziu em expansionismo militar, e foi aí que seus caminhos se cruzaram com os de D. João.

A grande inimiga de Napoleão era a Inglaterra, protegida pelo mar. Para sufocá-la, o imperador francês decretou o Bloqueio Continental, proibindo os países vinculados ao seu império de comercializar com os ingleses. Dependente do comércio marítimo e necessitado da aliança com os ingleses, reforçada, ao menos, desde 1703, pelo Tratado de Methuen, Portugal não poderia cumprir as determinações francesas. Colocava-se, com isso, na rota de colisão de suas invasões militares.

Ao decidir refugiar sua Corte no Brasil, D. João impôs doloroso entrave a Napoleão, que confessou ter sido ele o único capaz de enganá-lo. O monarca português escapou de sofrer qualquer humilhação, como sofreram seus parentes castelhanos depostos. Além disso, fez uso da vantagem da separação pelo mar, mantendo-se como "uma ameaça viva e constante à manutenção da integridade do sistema napoleônico"[24].

Disse D. Rodrigo de Souza, que inclusive era afilhado do marquês de Pombal, a D. João: "Quando se considera que Portugal por si mesmo muito defensável, não é a melhor, e mais essencial parte da monarquia; que depois de devastado por uma longa e sanguinolenta guerra, ainda resta ao seu soberano e aos seus

---

[23] LIMA, 1996, p. 36.

[24] LIMA, 1996, p.43.

povos o irem criar um poderoso império no Brasil, donde se volte a reconquistar o que se possa ter perdido na Europa e onde se continue uma guerra eterna contra o fero inimigo, que recusa reconhecer a neutralidade de uma potência, que mostra desejar conservá-la, (...) Quaisquer que sejam os perigos que acompanhem uma tão nobre e resoluta determinação, os mesmos são sempre muito inferiores aos que certamente hão de seguir-se da entrada dos franceses nos portos do reino, e que ou hão de trazer a abdicação de V. A. R à sua real coroa, a abolição da monarquia ou uma opressão fatal, qual a que geralmente se diz que experimentam os napolitanos e a dilaceração dos vastos domínios da coroa de V. A. R. nas ilhas contíguas a Europa, na América, na África e na Ásia, procurada pelos ingleses, para se indenizarem da falta de comércio com Portugal e para se apropriarem das produções de tão interessantes domínios ultramarinos, que temerão os franceses queriam fazer seus, e assim o exijam de um soberano, que conservarão preso, e pelo qual farão sancionar tudo, o que quiserem e lhes convier, ou dirão que assim o fizeram, ainda que não possam conseguir semelhantes concessões"[25].

De outro lado, o almirante sir Sidney Smith (1764-1840), em suas memórias, pontua que as colônias americanas de Portugal estariam perdidas se D. João não emigrasse para o novo continente, porque então ou bem elas mesmas se separariam de imediato, seguindo os influxos das independências na América Espanhola, ou os próprios britânicos as tomariam sob o pretexto de defendê-las dos franceses.

A chegada da Corte se dá em janeiro de 1808 e abre as portas a uma nova era para a gigante colônia. D. João veio disposto a fundar no Brasil, define Oliveira Lima, "um novo império", que somente poderia ser "uma monarquia híbrida, misto de absolutismo e de democracia: absolutismo dos princípios, temperado pela brandura e bondade do príncipe, e democracia das maneiras,

[25] LIMA, 1996, p. 44.

corrigindo o abandono bonacheirão pela altivez instintiva do soberano"[26].

Dentro dos limites inevitáveis, a Corte, instalando-se no novo país, deu prosseguimento a reformas que o dotariam de capacidades, instituições e ferramentas próprias. Seria criada a editora Imprensa Régia, com a autorização para a publicação de jornais, ainda que atendendo aos interesses da Coroa. Surgiriam o Banco do Brasil, a Academia Real Militar, escolas, a Academia de Belas Artes, a Biblioteca Real, o Jardim Botânico e o Museu Real. As regiões passariam a ser chamadas de "províncias". Economicamente, seria decretada a famosa abertura dos portos às nações amigas, permitindo oficialmente que o Brasil comercializasse com outros parceiros além do próprio Portugal, em uma quebra definitiva do Pacto Colonial, que impunha o exclusivismo de comércio com a metrópole. Nesta última reforma entraria a colaboração teórica do visconde de Cairu, um dos episódios em que sua figura se sobressai.

Todos esses muitos benefícios artísticos, arquitetônicos, estéticos, econômicos e intelectuais do período joanino se somavam a um benefício imaterial, que permitiu conformar os desejos da população nativa a uma representação mais concreta: a própria Corte, o próprio poder, a centralidade de importância e dignidade, estavam nestas terras, não mais além-mar. Sem que o Brasil fosse politicamente separado de sua nação-fundadora, a população local, principalmente aquela mais próxima à Corte, podia experimentar a sensação de ser senhora de si, ou ao menos de ter os seus senhores integrando-se a ela, em vez de pairando invisíveis e inacessíveis a colossais distâncias. Seria absurdo menosprezar o peso dessa experiência para que, alguns anos mais tarde, a perspectiva de perder esse *status* não fosse mais admissível.

A isso tudo vem consolidar a elevação do Brasil a Reino Unido. No Congresso de Viena, uma conferência realizada entre 1814 e 1815 por representantes das potências europeias para reorganizar

[26] LIMA, 1996, p. 56.

o continente após a derrota final de Napoleão, a ideia teria sido sugerida pelo príncipe de Talleyrand (1754-1838) ao então conde de Palmela (1781-1850), diplomata, que repassou a sugestão à Corte no Rio de Janeiro. Estimulando a que D. João permanecesse no Brasil, o príncipe disse a Palmela que "as colônias espanholas, pelo mau governo atualmente daquela monarquia, podem-se contar quase como perdidas para a Europa, e em tais circunstâncias eu consideraria como uma fortuna que se estreitasse por todos os meios possíveis o nexo entre Portugal e o Brasil; devendo este país para lisonjear os seus povos, para destruir a ideia de colônia, que tanto lhes desagrada, receber o título de reino, e o vosso soberano ser rei do Reino Unido de Portugal e do Brasil"[27].

Nascia assim, em 1815, o Reino Unido de Portugal e Algarves, projetado para ser entendido como uma associação de países irmãos, não uma relação de conquistadores e subjugados. Em meio às crises da época, a elevação do Brasil a Reino asseverava a sua integridade territorial, vindo ocorrer quando algumas lideranças, particularmente no norte do Brasil, já se punham a questionar os encargos adicionais que recebiam para sustentar a Corte, sem que pudessem, distantes do Rio, colher disso os benefícios mais sensíveis.

Também consolidava a existência do Brasil como uma entidade política bem definida – e mais do que isso: a tábua de salvação da Corte dos Bragança. O enorme Brasil havia acolhido e preservado o ancião Portugal, protegendo-o das tormentas; não seria inteligente rebaixá-lo e desonrá-lo. Era preciso mostrar-lhe respeito e reconhecê-lo em igualdade de condições com seu antigo senhor. Na verdade, na prática, estando a Corte ainda a viver nele, não apenas em igualdade, mas em uma inédita situação invertida de superioridade, o que seria sentido pelos portugueses e suscitaria as reinvindicações pelo retorno de D. João. Diz Oliveira Lima que "as festas que a elevação da colônia determinou no Rio foram motivo de vaidosa exaltação para os brasileiros e de rancoroso

[27] LIMA, 1996, p. 335.

despeito para os portugueses"[28]. Essa história, entretanto, interrompemos para continuar em outro momento. Por ora, vale resgatar o resumo de Otávio Tarquínio de Sousa: "Se para congregar as diferentes partes de que se compunha o domínio luso na América atuavam vários fatores de ordem cultural, étnica e econômica, e se poderosa fora a ação plástica da colonização portuguesa, não faltavam em contraposição os elementos desagregadores a culminarem na dispersão geográfica. O governo de D. João VI no Rio de Janeiro, exercendo ação centrípeta, não poderia deixar de influir no aperto dos laços por vezes frouxos que uniam as vastas regiões da América lusitana. De outro lado, a presença da família real, e o caráter, o feitio, as ambições de um de seus membros contribuíram decisivamente para resguardar a integridade do Brasil, dar-lhe um governo centralizado e, ao menos sob certas formas, diverso dos que se instalariam nas treze colônias inglesas do Setentrião e na América Espanhola"[29].

Resta ainda mencionar honrosamente algumas personalidades relevantes àquele tempo que difundiriam certas ideias influentes sobre os construtores do Império independente, anos depois, particularmente no que tiveram de convicção nas teses liberais e representativas.

Uma delas foi o patrono da imprensa nacional, José Hipólito da Costa (1774-1823). Ele se notabilizou por editar, durante cerca de quinze anos, o jornal *Correio Braziliense*, periódico mensal que visava a difundir princípios do liberalismo clássico como uma alternativa para o sistema monárquico absolutista. Desafiava, com isso, a censura da Corte, preservando-se sempre "semi-oficial", mas mantinha também relação de "amor e ódio" com a nobreza lusitana durante o período joanino, procurando não ultrapassar certos limites. Hipólito expunha os caracteres liberais do sistema político britânico que, ao contrário de Pombal, enxergava como seus alicerces de sucesso.

---

[28] LIMA, 1996, p. 346.
[29] SOUSA, 2015, p. 26.

Nascido no extremo sul do Brasil, Hipólito também frequentou a Universidade de Coimbra e chegou a ser preso em Portugal, ligando-se à maçonaria, pelo que se refugiou em Londres, de onde editava seu jornal. Sem viver *in loco* a efervescência do país, ele influenciava e participava das discussões políticas como poucos, contribuindo para fortalecer uma opinião que era, ao mesmo tempo, crítica aos excessos revolucionários franceses, mas avessa à preservação de estruturas absolutistas e abertamente favorável ao constitucionalismo liberal.

Defendia, em relação à América Espanhola, que a Espanha não poderia dispensar às colônias o tratamento devido a crianças tuteladas, o que a experiência da independência dos Estados Unidos deveria ter ensinado à monarquia castelhana. Quanto ao Brasil, como a maioria de seus pares coimbrãos, Hipólito defendia a manutenção do Reino Unido, com um amplo sistema de liberdade de expressão e o estabelecimento de Cortes representativas de que os brasileiros tomassem parte. Apoiando a Revolução Liberal do Porto de 1820 quando acreditou que ela conduziria a esse caminho, logo se voltou a defender a causa da independência do Brasil quando percebeu o malogro.

Por fim, há o nome de Silvestre Pinheiro Ferreira (1769-1846), que fora amigo do visconde de Cairu, era filósofo e ocupou diversos postos governamentais ainda dentro do período joanino, mas vai refulgir como teórico sobre os rumos brasileiros muito mais adiante. Importa apenas destacar, acerca dele, a contribuição fundamental, ressaltada por Paim, ao entendimento do sistema representativo na monarquia brasileira, particularmente no Segundo Reinado, em seu *Manual do Cidadão em um Governo Representativo*.

Ele foi decisivo, em sua obra, para que a filosofia político-institucional do Império brasileiro rechaçasse tanto a adesão completa a um radicalismo democratista rousseauniano quanto a um tradicionalismo antiliberal, atitude moderada que se tornou a tônica da elite política brasileira. Conseguia isso, em especial, ao estabelecer que a representação precisa ser feita, não com apelo retórico e vago ao "todo" da população, mas assentando-se na lógica dos "interesses", afunilando as correntes de opinião e vontades particulares – algo de que se incumbiriam em seguida no mundo moderno, como até hoje, os partidos políticos.

JOSÉ DA SILVA LISBOA, O HOMEM

Nosso primeiro protagonista é um dos "coimbrãos" que transformaram a mentalidade dos estudiosos e homens públicos do país, assumindo as rédeas naquele começo de século XIX.

José da Silva Lisboa nasceu em 17 de julho de 1756, sendo prestigiado como o primeiro economista brasileiro por gerações de intelectuais. Sua terra de berço foi a cidade de Salvador, onde realizou seus primeiros estudos, nascido de um pai português, o arquiteto Henrique da Silva Lisboa, e mãe baiana, D. Helena Nunes de Jesus.

Vivendo importante transição entre épocas, era, pois, justamente uma ponte viva entre as duas grandes abas do império português. Isso deve explicar em parte seu entusiasmo, de resto compartilhado pelos demais estadistas de sua contemporaneidade, com os esforços pela conciliação entre os dois reinos autônomos, preservada na fórmula do Reino Unido, apenas vencida pela torrente dos fatos imposta pelas Cortes lisboetas.

Segundo Alceu Amoroso Lima, Lisboa já conhecia, aos oito anos, a própria gramática latina, dedicando-se aos estudos filosóficos sob a orientação dos carmelitas baianos, e também estudando a música e o piano. Foi depois enviado aos cursos jurídicos e filosóficos da grande instituição de ensino coimbrã. Profundamente religioso, estudou as Escrituras e se inteirou do pensamento escolástico. Tornou-se, como seria sempre, um crítico contundente da maçonaria, vista como um celeiro do pensamento revolucionário – o que naturalmente geraria atrito com outras figuras da Independência, como Gonçalves Ledo e, mais tarde, o próprio José Bonifácio, já que, às vésperas de este assumir a tutoria de D. Pedro II, começou a temer a contaminação do príncipe herdeiro por suas "ideias maçônicas". Tais observações são interessantes para demonstrar as flutuações de humor e pensamento dos nossos fundadores e as divergências que tiveram entre si, em um mundo agitado por transformações e uma cultura não habituada a instituições representativas como as que se estava começando a construir.

Aos 23 anos, Cairu recebia seu duplo grau de bacharel em Direito e Filosofia. Poderia ter permanecido na magistratura em Lisboa; no entanto, tomou-o a nostalgia de sua terra de origem. "Ninguém ignora", escreveu em 1819, "a força deste amor (pela terra natal), com especialidade na ausência; ele é tanto mais vivo e produz saudade intensa, quanto a distância é maior e há menos esperança de retorno. Sem dúvida tal amor é um sentimento complexo, pela associação das ideias não só de nossos pais, parentes, amigos, conterrâneos, mas também das coisas inanimadas, com as quais nos habituamos a viver e a contemplar e que tem sido a fonte dos nossos mais puros, comuns e inocentes prazeres, como os frutos da terra, montes, vales, benfeitorias rústicas e urbanas, etc. A imaginação nos apresenta, dia e noite, os seus retratos em magníficas perspectivas, que frequentemente exageramos em conversação com os estranhos quando louvamos as suas vantagens. A natureza é a que nos profundou nos corações este sentimento"[30].

Evidencia-se que seus caminhos já estavam, por imposição de suas aspirações íntimas, atrelados não à velha Portugal, mas ao vicejante chão novo em que veio à luz. Voltou à Bahia e lecionou Grego – tendo também aprendido hebraico –, sendo nomeado ainda pela Real Mesa Censória da Bahia para a área da Filosofia Racional e Moral. Outra criação do marquês de Pombal, a Real Mesa Censória era um órgão do Estado, separado do Tribunal do Santo Ofício da Igreja, a que havia sido entregue a incumbência de julgar e fiscalizar as obras que podiam ser publicadas no reino, em época de restrições à liberdade de expressão e impressão.

---

[30] LISBOA, 1956, p. 17.

Porém, foi constrangido pelas necessidades financeiras a atuar na advocacia. Não com muito interesse, vale dizer. Em carta ao professor Domingos Vandelli, que lhe havia pedido informações sobre as condições econômicas e sociais da Bahia, Cairu já havia respondido: "Eu tenho já mais de uma vez representado V. S. a situação oprimida a que me reduziu nestas terras a dureza de minha sorte. Obrigado a ganhar minha subsistência da mendiga advocacia, vida pouco análoga à constituição do meu gênio, era preciso que desamparasse inteiramente os estudos filosóficos para me ir aos profundos abismos das minúcias e formulários das intrigas forenses, e que demandava muitas aplicações e prática dos negócios deste gênero que faziam incompatíveis meditações sobre coisas de outro porte"[31].

Por outro lado, nesse começo, enquanto estava atuando incomodamente nas lides jurídicas, Cairu já demonstrava seu interesse pela temática econômica. Já então se punha a fazer análises da situação das relações de trabalho na Bahia e já se mostrava francamente avesso à escravidão.

Aos quarenta e um anos, depois de vinte sustentando sua família com a advocacia e acompanhando atentamente as ebulições internacionais, esteve em Portugal mais uma vez, buscando sua jubilação como professor régio e voltou à Bahia, nunca mais colocando os pés na metrópole.

Tornou-se secretário da Mesa de Inspeção no estado, responsável por fiscalizar e supervisionar tudo que dizia respeito à vida econômica da região, particularmente classificando os açúcares e tabacos. Ao final da vida, Cairu já deu a entender que não aprovava a existência desse tipo de órgão público, com seus moldes de interferência na economia, ao pontuar no Senado, em 10 de maio de 1827, que a má situação da agricultura "induziu El-rei D. José, no ministério do célebre Carvalho, a criar Mesas de Inspeção nos portos principais deste Estado, cuidando que assim repararia os danos, impondo taxas e sancionando abusos"[32]. Aquele foi,

---

[31] LISBOA, 1956, p. 19.

[32] BELCHIOR, 2000, p. 35.

no entanto, o começo de uma expressiva trajetória junto à administração pública.

Por falar em agricultura, ele já tinha então grande interesse pelo assunto, tendo estudado os progressos efetivados na área pelos outros países, empolgado com a possibilidade de sua implantação no Brasil. Pedro Calmon comentou que Cairu quase chegava a ser um "naturalista amador"[33], tamanha se tornou a sua inclinação para a temática.

Alguns documentos dos arquivos antigos do Conselho Ultramarino, em Portugal, revelam que o ilustre baiano já defendia a outorga de prêmios aos inventores e introdutores de novas máquinas e fábricas, em demonstração de seu entusiasmo pelo desenvolvimento econômico e técnico brasileiro. Em ofício de 28 de março de 1799, Cairu propôs a premiação de Joaquim Ignácio da Sequeira Bulcão, futuro Barão de São Francisco, por ter sido "o primeiro proprietário que adotara novos processos de moagem de cana"[34], proposta aceita – aceite comunicado a Cairu pelo próprio D. Rodrigo de Souza Coutinho.

Na última década do século XVIII, Silva Lisboa travou contato com as obras de Adam Smith e Jean-Baptiste Say (1767-1832), iniciando a fase mais rica de sua trajetória intelectual. O jurista Clóvis Beviláqua (1859-1944) disse dele que "José da Silva Lisboa é o vulto que pode servir de ponto de partida a quem procura acompanhar o desenvolvimento da nossa literatura jurídica. Blindado com os princípios da Economia Política, que ainda era quase uma novidade em seu tempo, e que fora tão amorosamente cultivada pelo bispo Azeredo Coutinho; influenciado pelas ideias de Burke e Bentham, estimulado pelo sentimento de que internava por terrenos mal explorados, conseguiu Lisboa fundar, em Portugal e na sua colônia brasileira, o direito mercantil, dando-lhe sistematização e cunho científico, muito para admirar-se em época tão pouco propícia a semelhante orientação"[35].

---

33 BELCHIOR, 2000, p. 26.

34 BELCHIOR, 2000, p.33.

35 BELCHIOR, 2000, p. 43.

Durante o governo de D. João VI, ele foi, na definição de Amoroso Lima, um "ministro sem pasta"[36]. Elysio Belchior (1923-2011) diria dele que manifestava pelo monarca e seu filho, D. Pedro I, um "respeito quase religioso", de que advinha o seu "acatamento irrestrito" à instituição monárquica e às atribuições de que tradicionalmente se investia. "Sendo velho, só adotarei inovações e mudanças, cedendo à evidência, experiência e força das coisas"[37], justificava. Eis porque Cairu enxergava com extrema repugnância o arquétipo da Revolução Francesa, fazendo jorrar o sangue dos reis e cortando a cabeça das rainhas, e manifestava ceticismo perante diversas propostas de inovação como o federalismo, a "Democracia" como ideal abstrato e o jacobinismo, vistos como os berços do caos destrutivo e da aniquilação do tecido social.

Em 1808, ano da chegada da Família Real, integrou a Real Junta do Comércio, Agricultura, Fábricas e Navegações do Estado do Brasil. É preciso destacar, também naquele ano, seu papel em uma das maiores realizações joaninas: a abertura dos portos, imbuída de seu espírito de economista inspirado em Adam Smith. Há um desacordo generalizado quanto à exata sequência porque se processaram os fatos ao redor dessa importantíssima medida econômica e a exata dimensão das intervenções de Cairu, mas não há como negar a relevância de suas fundamentações teóricas de economia liberal sobre os ânimos em curso na Corte, asseverando que o estabelecimento da abertura ao comércio com outras nações seria um imperativo da lei econômica para a felicidade da pátria brasileira e da Coroa de D. João VI. Antes mesmo da Independência, aquele decreto foi um marcante passo de maioridade.

No ano seguinte, Silva Lisboa foi incumbido de organizar um Código do Comércio, diante de seus dotes de jurista e economista. Em 1815, assumiu a função de supervisionar as obras que seriam impressas, cargo em que teve basicamente uma atuação de censor, que não deve ser meramente julgada aos olhos do nosso tempo, mas compreendida dentro de seu contexto, em que ele e

[36] LISBOA, 1956, p. 32.

[37] BELCHIOR, 2000, p. 97.

seus pares temiam o que consideravam "escritos incendiários"[38]. Vale destacar, como faz Elysio Belchior, que com o tempo suas ideias acabaram ficando mais afeitas ao espírito inglês nesse particular, tendo elogiado a liberdade de imprensa britânica como fator que permite o desenvolvimento das forças da inteligência.

Seu temperamento conservador reagiu sobressaltado à Revolução Liberal do Porto em 1820, que demandava a contenção dos poderes do rei. Nessa revolução liberal portuguesa, que assombrava D. João, havia, entretanto, um componente incômodo, que certamente contribuía para as prevenções de Cairu: a hostilidade ao Brasil. Como definiu Oliveira Lima, os revolucionários estavam "apregoando a Constituição como panaceia para todos os males e dela fazendo manto para restabelecerem seu monopólio, representando o seu constitucionalismo bom emprego de capital, pois se baseava na recolonização"[39].

Era bem possível que Cairu já antevisse naquela Revolução, mais do que os riscos jacobinos ou a afronta ao rei, uma nova subordinação do Brasil a Portugal, em retrocesso aos avanços conquistados durante o período joanino, de que os portugueses já se enciumavam. Justamente a sua Bahia e o estado do Pará foram os primeiros territórios brasileiros que aderiram ao Porto e juraram à Constituição que os liberais portugueses viessem a aprovar.

Em 7 de março de 1821, decretou-se o retorno de D. João a Portugal, contra a opinião de Cairu e vários outros brasileiros. Reclamaram os moradores do Rio de Janeiro, por exemplo, apontando como "sendo uma das queixas dos portugueses da Europa no seu manifesto o abrirem-se os portos do Brasil aos estrangeiros... Parece que queriam que os portugueses do Brasil andassem nus até que eles pudessem para aqui mandar o que lhes sobrasse"[40].

Diante da partida consumada, Cairu se esforçou, através de uma série de textos publicados no periódico *Conciliador do Reino Unido*, por, como diz o nome, preservar uma união pacífica

---

38 BELCHIOR, 2000, p. 102.

39 BELCHIOR, 2000, p. 99.

40 BELCHIOR, 2000, p. 104.

entre os dois reinos em que os revolucionários do Porto respeitassem as prerrogativas concedidas aos brasileiros por D. João. Seu zelo maior era por preservar a paz e o respeito à Coroa dos Bragança, para ele o elo sagrado com o passado e com a continuidade histórica.

Seu papel de fundador do Brasil, porém, mais do que pela posição de proeminência junto à Corte, as realizações na área do pensamento econômico e político e a influência sobre os sucessos do período joanino que emancipam o então Reino do Brasil, se justifica pela posição assumida quando percebeu que seus esforços por preservar a união seriam infrutíferos.

"Cordialmente anelei a União do Brasil com Portugal", explicou quinze dias antes do 7 de setembro de 1822, "e, quanto em mim esteve, fiz esforços literários para os trazer à concórdia, mas ora vejo que em vão trabalhei: todas as ilusões estão dissipadas e quase as esperanças de reconciliação desvanecidas". No ano seguinte, explicaria ainda, conforme referência Belchior: "Eu também (tão simples fui) não pude suspeitar que desígnios insidiosos se ocultavam em tal Ato... Agora só me resta reconhecer e retratar o meu erro sobre o juízo da época e dos homens"[41].

As Cortes, não satisfeitas com D. João, queriam desmontar o Reino do Brasil, reivindicando também a partida de D. Pedro, deixado no Rio como príncipe regente. Cairu, então, em novo periódico, *Reclamação ao Brasil*, açulou o príncipe a ficar. Queixou-se aí de que o Congresso de Lisboa erroneamente enxergava os interesses do Brasil e de Portugal como divorciados. Bradou que D. Pedro "pertence não só a Portugal, mas também, e com especialidade, ao Brasil, por ser este país a parte de maior grandeza física, que lhe dá a consideração de que goza na Europa, e ter-lhe a Providência dado príncipes brasileiros; residir mais de decênio; e ser indispensável a Sua Augusta Presença por muitas razões ponderosas, e principalmente pela necessidade política de uma força central de Governo Real, para se manter a união de todas as

[41] BELCHIOR, 2000, p. 108-109.

suas províncias integrantes desde o Amazonas até o Prata, e também a fim de obstar as ambiciosas empresas e crescente poder dos estabelecimentos democráticos das circunvizinhas colônias de Espanha"[42], isto é, das Repúblicas, muitas de inspiração rousseauniana e caudilhista, ao redor do território brasileiro.

Justificava-se ainda Cairu com a citação de vários monarcas que mantinham representantes centrais nas extensões ultramarinas de seus impérios como ferramentas cruciais de manutenção da ordem e do prestígio das Coroas. "Brasileiros, que dizeis a isto?", declamava na edição de 7 de novembro de 1821 da *Reclamação*. "Liberalismo para Portugal, despotismo para o Brasil! Onde iremos cair com tão vertiginoso impulso e movimento retrógrado de nossa Dignidade! Esse é o expediente justo e conciliatório dos direitos e interesses dos Estados Pai e Filho! Pode-se tolerar agravo, enquanto um povo brioso só se sente oprimido, mas não desonrado. A Resolução das Cortes monta a mais que ditadura imperial. É tirania sem máscara de filantropia. Habitantes do Brasil! Que direis da outra resolução das Cortes de 31 de dezembro do ano passado para abolição de todos os Tribunais Supremos do Rio de Janeiro, com uma alçada destruidora?"[43] Estava entre esses tribunais o Supremo Tribunal do Comércio, que Cairu identificava como o principal empório da América meridional.

Deu-se, então, em 9 de janeiro de 1822, a vitória dos brasileiros no Dia do Fico, em que o príncipe e futuro imperador confirmou sua permanência. Cairu positivamente se tornou, a partir do acirramento das tensões, defensor da independência do Brasil, argumentando sobretudo com o perigo imposto pela "Cabala Antibrasílica" dos portugueses, dispostos a restringir novamente as liberdades econômicas do reino irmão.

---

42 LISBOA, José da Silva. *Reclamação ao Brasil*. Disponível em <https://www.literaturabrasileira.ufsc.br/documentos/?action=download&id=43080>. Acesso em: 13 de maio de 2021.

43 LISBOA, José da Silva. Reclamação ao Brasil. Disponível em <https://www.literaturabrasileira.ufsc.br/documentos/?action=download&id=43080>. Acesso em: 13 de maio de 2021.

Feita a independência formalmente, Cairu se articulou mais ainda para defender seu sólido reconhecimento internacional. Dedicou-se ao periódico *Causa do Brasil no Juízo dos Governos e Estadistas da Europa*", apelando às potências europeias para que não desamparassem os anseios do Império do Equador por não voltar a ser "simples feitoria comercial, estreita Ilha de Sota-Vento ou agreste sesmaria dos trópicos", alegando ser "da Honra Europeia que as Potências ora cooperem, em amigável acordo, a bem da causa do Brasil, para a manutenção da posse em que se acham os respectivos súditos de gozarem do indulto da Coroa Fidelíssima, e a fim de que não fiquem submetidos ao jugo do sistema colonial"[44].

Proclamou ainda que "a Honra Brasileira imperiosamente dite, desde o Amazonas até o Prata, o sustentar da independência do Brasil, proclamada pelo seu Imperador Constitucional e Defensor Perpétuo, parece com especialidade interessar esta empresa política à Honra Fluminense; por ter sido a imediatamente atacada pelos ditadores de Portugal, com insultos intoleráveis e destinados a deprimir a dignidade da capital do império do Equador, e onde se achavam os mais importantes estabelecimentos da Nova Corte, que viu surgir como Aurora, a Roma americana"[45].

Tendo sido contrário à convocação da Assembleia Constituinte em 1823, avaliando que ela não deveria ocorrer enquanto havia ainda batalhas pela efetivação da independência ao norte do país, Cairu, entretanto, aí tomou parte em curta experiência legislativa. No período imperial, até sua morte, foi ainda Desembargador da Mesa do Paço e da Casa de Rogo, deputado e senador, ganhando em 1825 o título de Barão e, em 1826, o de visconde, com que ficou até hoje conhecido.

---

44 LISBOA, José da Silva. Causa do Brasil no juízo dos governos e estadistas da Europa. Disponível em: <https://archive.org/stream/causadobrasilnojoocair#page/4/mode/2up>. Disponível em 13 de maio de 2021.

45 LISBOA, José da Silva. Causa do Brasil no juízo dos governos e estadistas da Europa. Disponível em: <https://archive.org/stream/causadobrasilnojoocair#page/4/mode/2up>. Acesso em 13 de maio de 2021.

Belchior, falando de sua atuação à tribuna durante os primeiros anos da monarquia brasileira, define que Cairu "oferecia uma ponderação serena, um parecer fundamentado, um esclarecimento sábio, frutos de vastíssima cultura, nascida do estudo ininterrupto e do convívio com os grandes vultos das artes e ciências, nos quais sempre buscava reforço para suas ideias: Bacon, Smith, Vattel, Camões, Lucrécio, Lavater, Tácito, Jarrold, Benjamin Constant, Plínio, Montesquieu, Burke, J. P. Odar, Aristóteles, Zeuxis, Apeles, Blackston, Virgílio, Gibbon, St. Hilaire, João de Barros, autores clássicos e contemporâneos, sagrados e profanos, épicos da língua portuguesa, antigos e venerandos mestres de Coimbra, corifeus das ciências políticas e econômicas, escritores que se perderam através do progresso da cultura, autores que a evolução dos tempos redobrou a fama, artistas, historiadores, naturalistas, filósofos, poetas e políticos, todos perpassavam através de seus eloquentes discursos, numa erudição que no dizer de Araújo Lima, esmagava seus adversários"[46].

Como parlamentar, fulminava o federalismo e a descentralização (a esse assunto voltaremos quando falarmos de José Bonifácio) e defendia uma percepção mais justa e humanitária dos escravos. Era, porém, infelizmente, contrário à liberdade religiosa e fez certas concessões ao seu liberalismo econômico, como ao apoiar a existência de corporações de ofício no país, por entendê-las restritas e capazes de aprimorar as artes.

Já como senador, atuou como inimigo de todas as revoluções, todos os movimentos divisionistas e separatistas, particularmente das convulsões pernambucanas, e ferrenho defensor da fidelidade à Constituição de 1824 e à instituição monárquica. Faleceu no Rio de Janeiro, aos 79 anos, no dia 20 de agosto de 1835.

Dele diz Antonio Paim: "A singularidade de José da Silva Lisboa (...) reside no fato de que tenha apoiado ardentemente a abertura dos portos e haja associado o fato às doutrinas de Adam Smith, que difundiu em caráter pioneiro no país. Em seus escritos

---

[46] BELCHIOR, 2000, p. 116-117.

procurou demonstrar que a escravidão era um obstáculo à modernização econômica"[47].

O grande chamariz de sua obra intelectual, dos Princípios do Direito Mercantil até os Princípios de Economia Política e as Observações sobre a Franqueza da Indústria e Estabelecimento de Fábricas no Brasil, reside na representatividade e na dimensão de seu labor por trazer ao conhecimento dos brasileiros os parâmetros da economia política liberal clássica de Smith e o conservadorismo ou a prevenção contrarrevolucionária de Burke. A esses parâmetros é que nos dedicamos a seguir.

AS IDEIAS DE CAIRU: ENTRE ADAM SMITH E EDMUND BURKE

Os críticos de Cairu, como o marxista cearense João Alfredo de Sousa Montenegro, em seu estudo *O Discurso Autoritário de Cairu*, acostumaram-se a apontar contradições e aspectos não muito liberais de suas ideias. O fato é que boa parte dessas aparentes contradições se justificam entendendo-se que, sob a mediação da filosofia do Ecletismo, importação francesa que norteou a ortodoxia filosófica durante o Império, Cairu arquitetou uma síntese entre a Economia clássica e do pensamento liberal de Smith, aspectos da modernização estatal e centralizadora do marquês de Pombal e da instrução coimbrã e referências conceituais e retóricas de atmosfera feudal e tradicionalista, ecoando as alvuras da religião católica e a sacralidade do imperador. Sua mentalidade era um amálgama compreensível em um mundo e uma sociedade em transformação, mas tudo isso acomodado por um ingrediente inafastável: a obra de Edmund Burke, que Cairu traduziu para o português, compondo os célebres *Extratos das Obras Políticas e Econômicas de Edmund Burke.*

Burke era tão importante para Cairu que o notável baiano comentou, sobre a formação do príncipe D. Pedro, que a leitura do

47 MONTENEGRO, 2000, p. 12.

estadista irlandês era obrigatória. Disse que, educando o filho de D. João, "para prevenir o contágio do século, quando o espírito péssimo ditava Revoluções nas colônias de Espanha, ele (Frei Antônio de Arrábida, preceptor de D. Pedro de Alcântara) fazia ler com reflexão os *Extratos Políticos*, de um dos mais eminentes oradores do Parlamento Britânico, Edmund Burke, o arqui-antagonista dos revolucionários de todos os países, que muito contribuiu a salvar a sua Pátria terra clássica da liberdade de se precipitar no caos da anarquia. Assim o jovem príncipe aprendeu a não confundir a conveniência de reformas necessárias de instituições defeituosas com a extravagância das inovações atrabiliárias nas leis fundamentais das monarquias"[48].

A penetração da temperança burkeana na elite brasileira a partir do esforço de Cairu e sua introdução na educação formal do próprio futuro monarca do país independente, mais do que demonstrar que a tradição conservadora britânica não foi alheia aos formadores do Brasil, ao contrário do que apregoam os defensores de um exclusivismo de influência dos autores ibéricos, atesta que os constituintes da nova nação, em sua maioria, alentavam a perspectiva de absorver inovações inevitáveis sem danificar completamente uma necessária noção de conjunto, de alicerces a serem estatuídos, propiciando coesão e algum grau de previsibilidade nas regras e relações, indispensável à civilização.

Neste anseio por previsibilidade, Cairu emprega alguns pendores elitistas, asseverando que o governo "deve atender à opinião pública das classes ilustradas, mas não condescender com a populaça móvel, e mudável, agitada por ambiciosos demagogos"[49]. Apesar de refletir prevenções típicas de tempos mais aristocráticos ao usar uma palavra pouco lisonjeira como "populaça", não deixa Cairu de ecoar as mesmas implicações antidemagógicas e antipopulistas da boa e velha ideia burkeana de que nem sempre os que mais fazem barulho em favor do povo são os mais verdadeiramente interessados em seu bem.

---

48 LISBOA, 1826, pt. X, p. 2.

49 LISBOA, 1832. p. 137.

A separação abismal que fazia entre as "classes ilustradas" e o povo se compreende pela época, em que o "elitista" regime monárquico brasileiro estava em sintonia com a maioria dos regimes políticos - e, diga-se de passagem, veio a funcionar de maneira mais aberta e com uma maior franquia de liberdades que a maioria deles - e o voto censitário era a regra. Nos tempos modernos, entretanto, autores como Irving Babbitt (1865-1833) reconheceram a inevitabilidade das lideranças, mesmo em uma sociedade mais amplamente democrática. Os líderes, nessa interpretação, devem veicular as ideias para que alcancem o povo em geral tanto quanto possível a fim de trazer resultados reais, não para apenas tutelar a massa como seus senhores e salvadores.

De Burke, Cairu colheria também a aversão às teses de Rousseau. O baiano chegou a dizer que seria conveniente expurgar "dos pátrios lares os incendiários princípios do sofista de Genebra, escritor da obra a que deu o título de *Do Contrato Social*, que tanto ocasionou a Revolução da França, a qual tão caro pagou o seu delírio"[50]. Para compreender Cairu, portanto, cumpre compreender Burke e por que este se opôs ao contágio da Revolução Francesa.

Para o irlandês, os revolucionários franceses, mais do que se insurgir contra a tirania, pretendiam estabelecer uma espécie de "novo Evangelho", fabricar um novo mundo, destroçando até as ruínas do antigo. Suas teorias de "gabinete" afrontavam as elaborações da sociedade alcançadas através do tempo, os costumes - de uma só vez, os bons como os maus -, as instituições, para substituí-los todos por construções teóricas abstratas e supostamente magníficas. Uma apreciação similar do receio à agressão centralizadora e "metafísica" à institucionalidade político-cultural concreta, em sua "ordem espontânea", viria do austríaco Friedrich Hayek (1899-1992), que também tributava essas ideias a Burke.

---

50 LISBOA, José da Silva. Causa do Brasil no juízo dos governos e estadistas da Europa. Disponível em: <https://archive.org/stream/causadobrasilnojoocair#page/4/mode/2up>. Acesso em: 13 de maio de 2021.

As aplicações, sobretudo jacobinas, dos teóricos que inspiraram a Revolução, entre eles Rousseau, expunham o risco antiliberal do "democratismo", em seu apelo à agitação da "vontade geral" do "povo", desconsiderando a relevância de instituições fortes. Filiado ao "direito natural clássico", na longa tradição que provém de Aristóteles, Burke não dispensava a existência de bons e perenes princípios, mas acreditava na necessidade de que eles se casassem com a concretude do real e de que os melhores direitos tivessem seu respeito garantido dentro do figurino de uma comunidade política.

Dentro do Partido Whig, justamente aquele que, no dizer de José Guilherme Merquior (1941-1991), representaria o protótipo do liberalismo, o irlandês não era simpático à manutenção ou à restauração de um Antigo Regime absolutista, nem um adversário contumaz de mudanças, mas um crítico de movimentos revolucionários fundamentados em doutrinas dogmáticas, paradoxalmente crentes no poder da destruição de toda a tessitura social, ingrediente da conformação de sociedades e comunidades políticas garantidoras dos direitos, como melhor ferramenta para consumar esses mesmos direitos.

"Governo não se faz em virtude de direitos naturais, que podem existir, e de fato existem, em total independência dele; e existem em muito maior clareza e em muito maior grau de perfeição abstrata; mas sua perfeição abstrata é seu defeito prático", diria Burke em suas *Reflexões sobre a Revolução na França*, com a concordância de Cairu. "Tendo direito a tudo, eles querem tudo. O governo é uma invenção da sabedoria humana para prover as necessidades humanas. Os homens têm direito a que essas necessidades sejam providas por essa sabedoria. Entre essas necessidades, deve ser contada a falta, fora da sociedade civil, de uma contenção suficiente para suas paixões. A sociedade requer não apenas que as paixões dos indivíduos sejam sujeitadas, mas também que na sua massa e corpo, bem como nos indivíduos, as inclinações do homem sejam obstadas frequentemente, sua vontade controlada e suas paixões postas sob sujeição. Isso só pode ser feito por uma força fora deles próprios; e não, no exercício de sua função, sujeita àquela vontade e àquelas paixões que é sua função refrear e dominar. Nesse sentido, as restrições aos homens, bem como a suas liberdades, devem figurar entre seus direitos. Mas, como as liberdades e as restrições variam com a época e as circunstâncias, e admitem infinitas modificações, elas não podem ser estabelecidas sobre nenhuma regra abstrata"[51].

A transformação e a evolução das instituições que corporificam esses direitos se dão ao longo das eras, arregimentando um conjunto cujos processos de elaboração transcendem o poder da mente de uma única pessoa. Por isso, Burke entendia que a Constituição - concebida aí como não apenas um documento escrito que estabelecesse os fundamentos jurídicos do país, não tendo, aliás, os britânicos uma Constituição escrita, mas todos os elementos institucionais, culturais e imaginários da sociedade - precisava ser protegida, entrelaçando passado, presente e futuro, preservando a continuidade histórica, em vez de ser tratada como um brinquedo banal que fosse possível apenas "jogar fora" quando soasse incômodo.

Para ele, eliminar todas as instituições, autoridades, sacerdotes, órgãos e costumes de um país não curaria o mal. "Os nomes podem ser mudados, mas a essência ficará sob uma forma ou outra. Não importa em que mãos ela esteja ou sob qual forma ela é denominada, mas haverá sempre na sociedade uma certa proporção de autoridade. Os homens sábios aplicarão seus remédios aos vícios e não aos nomes, às causas permanentes do mal e não aos organismos efêmeros por meio dos quais elas agem ou às formas passageiras que adotam". Saberão que "não estamos restritos à alternativa de destruir completamente as instituições ou de deixá-las subsistir sem nenhuma reforma" e não compreenderão "como certas pessoas são tão pretensiosas, a ponto de considerarem um país como se fosse uma tábula rasa onde pudessem escrever aquilo que melhor lhes convém"[52].

---

[51] BURKE, 2012, p. 223.
[52] BURKE, 2012, p. 353.

A extrema aderência dessas ideias em seu pensamento fazia com que Cairu fosse tão cioso, em primeiro lugar, da proteção da Coroa, como o emblema da conexão pátria que vigia em seu tempo; de seu receio dos ardores potencialmente radicais dos revolucionários, desde os do Porto até os que ameaçaram o Brasil de se fracionar ao longo da primeira metade do Império, particularmente após a abdicação de D. Pedro, no Período Regencial; e, finalmente, de seu desejo por proteger a Constituição de 1824, a mais duradoura do país, cujas bases sustentaria até o fim como senador.

Silva Lisboa já valorizava também o princípio do império da lei como um requisito da dignidade brasileira. Foi capaz de enxergar sua sólida entronização na comunidade política como uma conquista indispensável para superar os desmandos de oligarcas regionais e as agressões ilegítimas aos cidadãos.

"O Bom Sistema da legislação é um dos maiores benefícios políticos que se possa fazer a qualquer país", pontuou. "Sendo conforme ao Prol Comum, constitui e consolida a verdadeira liberdade civil. Esta não consiste na libertinagem de fazer cada indivíduo o que lhe dá na vontade, ofendendo a razão e aos regulamentos do Estado; mas na imunidade de opressão contra a força que se não derive de autoridade legítima, sendo francos e certos os recursos aos Superiores Competentes, para desagravo dos ofendidos e prevenção dos abusos. Havendo bom sistema de legislação e administração da Justiça, preenche-se o voto da comunidade; e se pode dizer que no país predomina o Império das Leis, e não o arbitrário poder dos homens"[53].

A primeira e mais constante associação que se faz ao nome de Cairu é, ainda assim, no campo da economia. Até mesmo críticos como o já mencionado Montenegro destacam o mérito cairuense de trazer à tona as ideias de Adam Smith, desafiando as limitações do Pacto Colonial e do mercantilismo, empenhando-se em sustentar um direito natural, o do comércio livre entre Europa

53 LISBOA, 1940, p. 17-18.

e Brasil. Repercutindo *Uma Investigação sobre a Natureza e as Causas da Riqueza das Nações*, o clássico em que Smith consolidaria sua apreciação do mercado e do potencial da liberdade, Cairu diria com todas as letras estar trabalhando com a Economia Política em suas elaborações, desde o título de sua obra mais famosa.

Dela dizia que seu destino "é o firmar e estender o Reino da Justiça Universal, exterminando a violência e a indigência da sociedade, substituindo fiel convenção à força, e promover a correspondência da humanidade em todos os países, para os homens reciprocarem, em franco ajuste, seus bens e conhecimentos, a fim de poder cada indivíduo ter o mais convinhável emprego, e a maior possível abundância do necessário, cômodo e grato à vida, que as suas circunstâncias admitam. Para esse efeito, cumpre inquirir as leis naturais que regulam a produção, acumulação e distribuição dos frutos da terra e indústria dos estados e a sua população"[54].

"Evidente e óbvio", julgaria ainda, "a todos os espíritos a iniquidade e insolência de pôr taxa no alheio, quando todo o mundo justamente reclama isenção ao que lhe é próprio e quaisquer transações da vida se conformam por livre ajuste às circunstâncias da demanda e concorrência"[55]. Cairu já ansiava pelo ensino da ciência econômica no reino e pela implementação da sabedoria liberal de Smith na dinâmica do mercado brasileiro.

Também desejava o progresso da manufatura, permitido desde que a indústria nacional foi liberada a partir de abril de 1808 do alvará de 5 de janeiro de 1785, que antes proibia qualquer fábrica na América Portuguesa, exceto as de tecido grosseiro. Em seu *Franqueza de Indústria e Estabelecimento de Fábricas no Brasil*, Cairu sustentava a concessão de benefícios de incentivo a todos que instalassem grandes máquinas e manufaturas no país, desde que não importassem em monopólios.

---

54 LISBOA, 1819-1820, p. 55.

55 BELCHIOR, 2000, p. 47.

Contudo, acreditava que tudo deveria se processar gradualmente e naturalmente, não impondo ao país uma vocação que ainda não tinha desenvolvido, pelas condições específicas de sua economia. Cairu acreditava que o Brasil ainda teria na agricultura, por muito tempo, a sua maior força. A real procura por um serviço ou produto, a seu ver, "supõe não um desejo vago e ainda real carência de quaisquer indivíduos a respeito de uma coisa, mas a faculdade de pagar o seu preço natural; e se falta esta faculdade, ninguém trabalhará, nem empregará fundo para satisfazer de mero obséquio, os gostos, os desejos e ainda as precisões dos que demandam qualquer produção da Natureza e Arte"[56].

O que mais atrasava o Brasil economicamente, já antevia Cairu, eram a qualidade e a natureza mesma de sua mão de obra – o que significava dizer: era a escravidão. Este erudito fundador da pátria era um homem de seu tempo, mas com o olhar voltado para o desejado engrandecimento, no futuro, de seu torrão natal. Esteve sempre ativo, fosse qual fosse a posição ocupada, no interesse de ver, quer unida, quer separada de Portugal, a sua terra de berço desenvolvida, próspera, unida e despojada, quanto pudesse, dos grilhões da servidão abjeta.

O Cairu da abertura dos portos, o Cairu das teorias do Direito a resguardar as garantias do indivíduo, o Cairu da temperança nas transformações sociais e do respeito à ordem, o Cairu da agricultura pujante e da indústria, foi sempre, ainda que devoto à Coroa dos Bragança e absorvendo o melhor conteúdo do pensamento político e econômico britânico, um Cairu brasileiro, desejoso de que aqui houvesse uma pátria, ao menos em igualdade de condições com aquela que lhe deu origem e, por isso mesmo, digno de figurar em seu panteão de filhos admiráveis e alicerces de sua autonomia.

---

56 BELCHIOR, 2000, p. 62.

2. JOSÉ BONIFÁCIO, O PATRIARCA DA INDEPENDÊNCIA

RAZÕES DE UM ÍCONE

Nosso segundo protagonista é das figuras mais fáceis de se mencionar na presente relação. Poucos haverá que questionariam a inclusão de José Bonifácio de Andrada e Silva em uma exposição das figuras que atuaram diretamente no processo sócio-político de construção de um Brasil independente. Em seu caso, não apenas porque Bonifácio integra a elite coimbrã pós-pombalina que ensejou o movimento decisivo nessa direção, mas também porque figura em posição de destaque como alguém que concebeu, propositadamente, projetos completos e complexos para a constituição e destino da sociedade nascente.

Quando se trata de José Bonifácio, abundam certos contrastes na deferência recebida de seus compatriotas. Em sua maioria, a historiografia oficial reconhece sua proeminência e sua presença decisiva nos eventos capitais da década de 1820. Oficialmente, ele também é distinguido pelo prestigioso título de "*Patriarca da Independência*", tratamento que nenhuma outra personalidade histórica nacional compartilha. Consta ainda do Livro de Heróis da Pátria.

Nada disso significa prestígio popular, ao menos não na intensidade que se esperaria. Muito poucos foram apresentados, sem a contaminação de caricaturas e invectivas ideológicas mal-intencionadas, aos postulados nucleares de sua concepção ampla de verdadeiras reformas sociais, com a intenção deliberada de assentar uma nova nacionalidade.

Em seus textos e articulações, Bonifácio, se antes tinha em mente a grandiosidade dos reinos irmãos, exatamente como Cairu e outros "portugueses do Reino do Brasil", pôs-se, como ministro e estadista, à tarefa desafiadora de sistematizar projeções e propostas para realizar um Império novo e jovem, com identidade própria, valores e grandezas particulares.

Até nisso demasiado brasileiro, Bonifácio foi um homem de muita paixão; suscitou rivalidades e inimizades, mesmo entre aqueles que, a seu lado, laboravam na edificação de uma nova pátria. Algumas dessas rivalidades, não apenas na época, mas a partir da influência que exercem em teóricos atuais, explicam certas apreciações mais críticas de seu papel e de suas posturas.

Controverso, entretanto, quem não foi? Praticamente não subsiste qualquer personagem histórico, qualquer ser humano, sem que se lhe possam apontar sutilezas e tropeços. Nossos fundadores, como os de outras nações, eram humanos. Humanos, sim, ainda que, sob diversos aspectos, refulgentes; ao tempo em que tomou parte da Independência e ajudou a preparar o terreno para os anos que viriam, Bonifácio já era um ardoroso inimigo da escravidão, algo que muitos dos extraordinários *founding fathers* dos Estados Unidos da América ainda não concebiam.

Outros serão seus críticos porque não vislumbram efetividade em seus projetos. Teria sido Bonifácio um derrotado; muito pensou, mas pouco realizou. Ora, é verdade que seu desejo de exterminar de maneira planejada a escravidão, em um esforço que já deveria começar pouco depois do grito do Ipiranga, não teve êxito em se impor sobre a elite latifundiária escravocrata. É verdade também que ele, ainda que para depois retornar e se tornar tutor de nosso segundo imperador, sofreu o duro exílio após o primeiro monarca dissolver a Assembleia Constituinte de 1823. É verdade, em suma, que Bonifácio não conseguiu realizar muitos de seus anseios e tirar do papel muitas de suas teorias.

Entretanto, nada disso, em primeiro lugar, elimina a sua ascendência nos fatos concretos que levaram à ruptura Brasil-Portugal, bem como sobre o próprio imaginário do jovem imperador a quem coube sancioná-la. A importância de Bonifácio para D. Pedro I se patenteia precisamente pelo convite, mesmo após as rusgas e os anos de expatriação, para a nobre tarefa de preparar seu filho para receber sobre os ombros o maior tesouro de que dispunha e a mais nobre das responsabilidades.

A construção teórica também não perde em sua originalidade e em seu impacto simbólico por não ter sido plenamente aplicada. Não é verdade que tudo que Bonifácio sugeriu e vaticinou deixou de ser implementado. Um de seus maiores projetos era manter a unidade territorial, fortalecendo a Coroa como o elemento sinérgico da América portuguesa. O projeto de um Império novo, orbitando em torno do Rio de Janeiro, foi francamente vencedor. Conseguiu resistir a todas as intempéries, todas as revoltas e tentativas de sedição. Se em 1889 a República sobreveio, nem por isso o Brasil se dividiu, e um dos idealizadores da consciência que permitiu esse cenário foi José Bonifácio, sobretudo movido por suas prevenções contrarrevolucionárias e seu esforço por pensar no Brasil real, antes que em devaneios etéreos e unicamente idealistas.

Sua meta do surgimento de uma civilização calcada na miscigenação, no encontro do negro, do índio e do lusitano, acrescidos depois de muitos outros elementos, como os imigrantes de outros países da Europa ou da Ásia, também foi, de um modo ou de outro, cumprida. Para muitos de nós, esta é uma das qualidades mais notáveis da vida brasileira, da qual só se envergonharam eugenistas e complexados da "vira-latice". Não há país mais plural, mais colorido, que combine de maneira tão rica as variedades formadoras como o Brasil, e assim também era o Brasil sonhado por José Bonifácio.

Igualmente impactantes são seus diagnósticos sobre hábitos, comportamentos, vícios e virtudes reinantes em nossa cultura, em um Brasil recém-nascido e diferente do atual, mas com ponderações e previsões que ainda seriam muito bem aproveitadas para pensar sobre os problemas do hoje. Bonifácio também é útil e grande ao nos oferecer a oportunidade de refletir sobre aquilo em que ele errou – ou, melhor dizendo, aquilo que não conseguiu realizar.

Em sua obra, seus textos, projetos de lei e aforismos, podemos encontrar a vontade de criar aqui uma "Atenas da América", uma nação estruturada em torno do conhecimento, voltada ao cultivo das boas artes e da busca pelo saber. Uma nação que não se envergonharia de sua natureza passional e de seu caráter afetuoso e caloroso, mas que também saberia ser ordeira, sólida em suas leis e capaz de oferecer grandes contributos ao conhecimento geral da humanidade. Tudo isso seria possível, dizia ele, se pudéssemos evitar o risco de sermos tiranizados pelo despotismo, em suas diversas facetas, tais como apontadas desde *A Política* de Aristóteles.

Diante das crises que nos acometem agora e que poderão acometer os que estão por nascer, só teremos a ganhar dedicando algum tempo a examinar as realizações, decisões, pensamentos e sentimentos de um homem que viveu as turbulências de uma época de transformações intensas, sempre procurando encontrar o difícil casamento entre as aspirações por um futuro mais glorioso e o princípio da temperança, com o ajuste dos ideais à realidade das possibilidades.

O HOMEM E SUAS LUTAS

A saga do patriarca começa na sua Santos, em fins do século XVIII, quando era uma pequena vila colonial. O jovem Andrada era filho de uma família tradicional, com vários parentes na nobreza, e seu pai, o comerciante Bonifácio José de Andrada (1726-1789), era o segundo homem mais rico da cidade, casado com sua mãe, Maria Bárbara da Silva (1740-1821). Os dois tiveram dez filhos, sendo quatro mulheres e seis homens – três dos quais formariam uma trindade de lideranças políticas centrais do período, composta, além de José Bonifácio, por seus irmãos Antônio Carlos Ribeiro de Andrada Machado e Silva (1773-1845) e Martim Francisco Ribeiro de Andrada (1775-1844).

Começando sua instrução com os pais e com os sacerdotes da região, Bonifácio continuou seus estudos em São Paulo, mas, como de praxe na época, seu destino para avançar pelo ensino superior seria a Coimbra pós-pombalina. Nestes tempos de juventude, Bonifácio já somava, ao seu interesse pelo conhecimento e pelos estudos, uma afeição pela poesia e pelas mulheres. Tarquínio definiria esta última característica como "uma nota erótica de que não faltarão vestígios em sua longa vida", em que não escasseariam "namoradas e amantes de um dia e outro"[57].

Já era um frequentador das bibliotecas dos conventos, particularmente a do Mosteiro de São Bento, com seus textos clássicos de Filosofia e Teologia, bem como as poesias de Luís de Camões (1524-1579 ou 1580), próprias a destilar em sua imaginação o entusiasmo pelas origens lusitanas. Somente lá, na velha terra, vencendo as limitações de acesso bibliográfico impostas pela metrópole ao Brasil, ele poderia travar contato com os livros liberais e autodeclarados inimigos do despotismo vicejantes durante a erupção iluminista. Não lhes foi infenso; se Cairu desde sempre rechaçava Rousseau como o maior vilão de seu tempo, Bonifácio, ao menos ainda jovem, se interessava por suas obras, como pelas de Voltaire (1694-1778), ácido autor anticlerical, e outros pensadores que se tornaram coqueluche àquele tempo.

Apesar disso, como sua trajetória posterior comprova, Bonifácio não colheu deles o amor pela balbúrdia, pela "vontade geral" ou pela rebeldia inconsequente; colheu dos filósofos da Ilustração "a crença na racionalidade da natureza e de suas leis", a ideia de que "o homem é um ser dotado de razão, que tem direito à felicidade e pode ser feliz numa sociedade organizada em bases racionais" e a "noção dos direitos naturais derivando de necessidades inerentes à própria condição humana"[58]. Tarquínio pontuaria ainda que, na formação do espírito de Bonifácio, a influência de Voltaire foi mais penetrante que a rousseauniana. Assemelhar-se-ia ao genebrino no apreço algo idílico pela natureza e a poesia,

---

57 SOUSA, 2015, p. 54.
58 SOUSA, 2015, p. 60.

mas jamais admitiria suas teses sociais acerca da bondade natural do homem e da oposição intransponível entre a natureza e a cultura. Tal como Voltaire, Bonifácio preferiria uma monarquia influenciada pelas ideias iluministas, podada de excessos despóticos, a um governo de massas que poderia degenerar em revolução, antes que em reforma.

Data também desse período inicial de formação o interesse por questões sociais do Brasil, notadamente o problema dos índios e dos negros, com teses desenvolvidas a partir da apreciação dos fatos e das estruturas reais na sociedade. A imposição do real, de seus limites inevitáveis aos grandes sonhos humanos, seria um valor marcante em suas considerações por toda a sua biografia. Também já aí ansiava pela terra de sabedoria e intelecto, pródiga em universidades e estudiosos, que o seu imenso Brasil deveria se tornar, se Portugal consentisse em suspender todas as restrições existentes.

Um ano antes da explosão chamada Revolução Francesa, em 1788, Bonifácio estava concluindo sua formação, sem poder prever tudo o que viria. Apesar de seu mergulho nas Humanidades e na tradição filosófica, que decerto mais tarde seriam decisivas para o papel que viria a desempenhar como pai de uma nação, seu grande interesse eram mesmo as ciências naturais. Formado em Filosofia Natural em 1787 e em Leis em 1788, ele queria realmente era devassar as minas, cuja exploração estava em auge diante da Revolução Industrial. Pôde dar plena vazão a seus pendores durante certo período, já que seu amigo, o duque de Lafões, primo da rainha D. Maria I, facultou-lhe acesso como sócio livre à Academia das Ciências de Lisboa, onde daria consistência à sua carreira de mineralogista e cientista e partiria, em 1790, em pleno calor revolucionário na França, para uma excursão pela Europa com fins de perquirição científica.

Nesse ínterim, travou contato com grandes pesquisadores e intelectuais, tornou-se em 29 de janeiro de 1791 sócio da Sociedade Filomática de Paris e, em 4 de março, da Sociedade de História Natural, onde destacou-se por escrever sobre os diamantes brasileiros, elucidando confusões corriqueiras na Europa acerca do assunto. Ainda viria a ser sócio da Sociedade dos Investigadores da Natureza de Berlim, da Sociedade Mineralógica de Iena, da Academia de Ciências de Estocolmo e das Sociedades Geológicas de Londres e Werneriana de Edimburgo, além de, bem mais tarde, membro correspondente do Instituto de França.

Em 1792, começou a frequentar as aulas da Escola de Minas de Freiberg, onde tomou forma mais definitiva a sua inclinação pelos estudos dos minerais e chegou a estudar com o próprio Alexander von Humboldt (1769-1859), célebre geógrafo e explorador nascido na Prússia, hoje Alemanha, de quem se tornou amigo. Quando esteve na Suécia e na Noruega, Bonifácio fez os seus maiores progressos científicos, detectando quatro novas espécies de minerais e oito variedades de espécies já conhecidas. Com menos de 40 anos, José Bonifácio era um homem de ciências com reputação, prestigiado e bem relacionado com seus pares. Se suas preocupações eram majoritariamente científicas, mais do que sociais e políticas, por outro lado essa vasta experiência permitiu a Bonifácio não apenas observar de perto os impactos da Revolução Francesa, como perceber os progressos técnicos e científicos dos outros países em relação a Portugal e ao Brasil, com ainda mais contato direto que aquele que, por exemplo, o próprio Pombal, Cairu e Hipólito da Costa tiveram.

Em 1800, Bonifácio regressou a Coimbra, onde, dando prosseguimento a suas pesquisas e destinando relatórios ao governo, obteve a admiração de ninguém menos que D. Rodrigo de Sousa Coutinho, com quem curiosamente tinha algum parentesco e fez rápida amizade, redundando em requisições, trabalhos e convocações para o renomado Andrada. Nessa oportunidade, Bonifácio criou a cadeira de Metalurgia da universidade, foi nomeado intendente-geral das Minas e Metais do reino e membro do Tribunal de Minas, entre vários outros encargos, que aceitou com entusiasmo.

Infelizmente, diz Tarquínio, não conseguiu levar a cabo a maioria das ideias que tinha em mente para o desenvolvimento de Portugal. "Primeiro, teve que enfrentar a rotina portuguesa a criar-lhe embaraços de toda ordem, numa resistência ora passiva a qualquer esforço renovador, ora ativa, insidiosa, mal dissimulando sentimentos subalternos de inveja ou despeito. Depois, lutou em vão contra o desleixo da Administração Pública, que lhe impedia ou retardava os movimentos"[59]. Suas cartas na época revelam que estava desanimado, fatigado por não conseguir promover as mudanças que desejava na própria universidade e desgostoso da rotina de professor.

Foi por volta dessa época, em 1807, que se soube da invasão napoleônica iminente e ocorreu a partida da Corte de D. João para o Brasil. Bonifácio, respeitado como era, poderia facilmente figurar entre os transmigrados. Não quis. Preferiu a luta pelo Portugal de Camões, por seus brios, contra o invasor estrangeiro, a voltar ao conforto daquela que, vale dizer, era a sua casa de origem, o seu berço. Diante da chegada dos militares franceses, Bonifácio logo tomou parte da fabricação de armamentos e da mobilização dos resistentes, dentro de um Corpo Voluntário Acadêmico. Em um segundo momento, o homem de ciências se fez soldado, incrementando o Corpo Militar Acadêmico em 1809, onde ascendeu de major a comandante. Admirado por aliados e adversários, ocupou posição de protagonista nas iniciativas dos portugueses por expulsar os franceses das cidades que ocupavam, obtendo sucessos e já denotando sua bravura - inclusive, por óbvio, bravura física. Batalhou pela honra do Portugal de D. João - o Portugal de que, sem então o saber, anos mais tarde, separaria o Brasil.

Depois da patriótica participação nas batalhas, Bonifácio procurou se refugiar da irritação com as condições de trabalho em Portugal na redação de inúmeros tratados científicos. Porém, como ele destacava, "a liberdade de imprimir é para as ciências como o oxigênio para a vida animal"[60], e o cenário em Portugal era para ele, ao contrário, de obscurantismo e restrição. As mudanças que ocorriam no Brasil sob os auspícios joaninos, de que o visconde de Cairu havia sido grande entusiasta e sustentáculo teórico, e seu amigo, D. Rodrigo de Sousa, notável artífice,

---

[59] SOUSA, 2015, p. 81.
[60] SOUSA, 2015, p. 101.

empolgavam Bonifácio, crente de que sua contribuição poderia ser muito mais construtiva se pudesse estar de volta depois de tantos anos, laborando pelo desenvolvimento de seu reino natal.

As cartas de D. Rodrigo a Bonifácio durante esse período dão testemunho da afeição do santista pelo Brasil e de seu desejo de retornar. Ele diz: "Sobre o seu Brasil", e enfatizemos o "seu", "pode estar descansado. São grandes os seus destinos, e o melhor dos príncipes tem feito a seu respeito tudo que era possível fazer em tão pouco tempo. Liberdade do comércio a mais ampla, e debaixo dos princípios os mais liberais. Direitos das Alfândegas muito moderados, sendo os maiores de 24% e uma terça parte remetida a favor da navegação e propriedade nacional. Nenhum privilégio exclusivo. Declaração de que não haverá Inquisição no Brasil, feita no tratado com a Grã-Bretanha. Permissão do estabelecimento de todas as manufaturas. Introdução de todas as culturas preciosas e que o Brasil ainda não possuía. Abertura de todas as comunicações no interior do Brasil."[61] A emancipação, em suma, por que Bonifácio ansiava, e de que queria participar.

Somente anos depois que o amigo D. Rodrigo faleceu, em 1811, Bonifácio conseguiria realizar sua aspiração. Nesse intervalo tedioso, seu irmão Antônio Carlos chegou a ser preso, participando da Revolução Pernambucana de 1817, atitude que ele provavelmente não teria aprovado, dado seu apego à ideia da unidade territorial do reino, sob a ação civilizadora de um centro dinástico. Partiria apenas em 1819, deixando claro que queria dignificar aquela fase de erguimento de novos alicerces para um vasto e rico império na América portuguesa.

Voltando ao Brasil aos 56 anos, Bonifácio mesclou o contentamento com os grandes progressos econômicos e políticos com a identificação dos entraves sociais que ainda reclamavam soluções, as mesmas soluções com que, quando jovem, ele já sonhava, e que não viu se realizarem em vida. Esteve, porém, mais feliz em Santos, em companhia da família, que na capital, o Rio, ao

---

61 SOUSA, 2015, p. 104.

lado da Corte, com as idiossincrasias e intrigas que em Portugal já o incomodavam. O que mais queria era descansar no clima de nascença e seguir com suas pesquisas científicas. No entanto, como ele mesmo comentou, "em vão o sábio ama a paz e o retiro; deve aos outros, a quem pode guiar, seus profundos pensamentos e seu engenho regenerador. Se a razão desenganada busca viver longe das paixões e dos acasos da fortuna, e ri das vaidades humanas, há circunstâncias que reclamam seus serviços à humanidade"[62]. À humanidade ou, em nome dela, à pátria. Foi o que aconteceu.

Em 1820, Portugal foi sacudido por uma Revolução Liberal. As condições eram propícias à revolta; a autoestima lusitana estava ferida, as condições econômicas eram sofríveis, e as lideranças revoltosas se sentiam abandonadas por seu rei, que preferia viver na América e desenvolver o Brasil. De par com a imposição de uma Assembleia Constituinte e da limitação dos poderes do rei, queriam o próprio D. João de volta, restituindo a glória de Lisboa como capital de todo o império. A prosperidade do Brasil, em crescimento devido à abertura dos portos e às concessões ampliadas às manufaturas, alimentava o contraste e incitava a indignação dos portugueses. Algumas províncias do Brasil, principalmente ao norte, aderiram à revolução, instituindo governos provisórios que juravam se submeter à Constituição.

Em fevereiro de 1821, D. João consentiu em jurar também à Constituição que fosse criada pelos portugueses, determinou a eleição de representantes das províncias do Brasil para se unirem às Cortes (aos legisladores de Portugal) para as discussões constituintes, com o fito de contemplar a todo o império igualmente, e acabou se rendendo aos reclames para retornar ao Velho Mundo, a contragosto.

A princípio, muitas opiniões gravitaram para o contentamento com a proposta das Cortes de Lisboa de estabelecer o constitucionalismo liberal, aos moldes das proposições teóri-

---

[62] SOUSA, 2015, p. 125.

cas de pensadores como John Locke (1632-1704) e Montesquieu (1689-1755), dividindo mais categoricamente os poderes institucionais e estabelecendo limites concretos e escritos às atribuições do monarca. Acreditava-se ainda que isso seria feito com equidade entre os dois reinos.

Nesse quadro, estabelecendo-se os constituintes brasileiros, isto é, aqueles que partiriam em nome das províncias americanas para discutir a Constituição nas Cortes, a província de São Paulo se preparava sob forte ascendência de José Bonifácio, compondo-se a delegação de nomes como seu irmão Antônio Carlos e o futuro regente do Brasil e inimigo do santista, o padre Diogo Feijó, depois de ouvidas as Câmaras Municipais. Todo o grupo estabeleceu um documento chamado *Lembranças e Apontamentos*, contendo todas as linhas-mestras de um projeto para o futuro constitucional do Reino Unido, mantendo-se o príncipe D. Pedro como Regente do Reino do Brasil e reivindicando a admissão dos interesses brasileiros nas Cortes.

A personalidade de José Bonifácio e suas posições fortes estão bastante refletidas nesse texto, propugnando orientações minuciosas para a garantia de direitos civis e políticos iguais, respeitando-se, porém, a diversidade de locais e costumes; a civilização dos índios; a criação de universidades e o desenvolvimento intelectual do povo brasileiro, bem como o tratamento mais humanitário e a gradual libertação dos escravos. Incluiu-se a sugestão de construir uma cidade para abrigar instituições importantes do reino no centro do país, estendendo o povoamento do território em seu entorno.

Destacavam-se também a proposta de alternar a sede do império entre Portugal e Brasil, "para que assim possa o rei mais depressa e por turno satisfazer reciprocamente as saudades de seus povos, que desejarão conhecê-lo"[63]; a pretensão de criar um superpoder eletivo responsável por fiscalizar, na nova Constituição,

---

[63] Lembranças e Apontamentos do Governo Provisório da Província de São Paulo para os seus deputados. Disponível em: <http://www.obrabonifacio.com.br/colecao/obra/1266/digitalizacao/pagina/1>. Acesso em: 14 de maio de 2021.

o poder de legislar, o poder de executar e o poder de julgar, verificando as eleições dos deputados nas cortes e dos membros do Conselho de Estado e encarregando-se das necessárias suspensões; e, é claro, o equilíbrio numérico entre os representantes das províncias brasileiras e o próprio Portugal nas Cortes.

O resumo disso tudo era a declamação da filosofia maior do que seria o movimento de independência, naquela época ainda se atendo a desejar a conciliação pela fórmula do Reino Unido: os revolucionários liberais de Portugal precisavam aceitar a unidade conceitual e política do reino americano, respeitá-lo em pé de igualdade com o território político do Velho Mundo, acatar-lhe as emancipações econômicas e, principalmente, compreender a importância de manter um representante da Família Real – no caso, o príncipe regente, D. Pedro – como representação simbólica e política da Coroa no Brasil.

Esse sentimento unionista marca as convicções de José Bonifácio: o Brasil é um só e, se as regiões, respeitadas em suas peculiaridades, soubessem se manter unidas sob um só conceito, em vez de se dividirem sob o impulso de interesses mandonistas ou filosofias abstratas, ele seria um reino mais poderoso e grandioso. Na época, com Bonifácio ainda pensando em termos portugueses, a união das províncias em torno do Rio era uma ferramenta para, impedindo sedições comandadas por lideranças regionais, que provavelmente instalariam, como igualmente pensavam estadistas como o visconde de Cairu, Repúblicas caudilhistas como as da América Espanhola, não permitir a total dissolução do império e dar forma, através de um centro, a uma obra civilizadora.

Um país que em boa medida surge de iniciativas estatais, fracionado pelo "insolidarismo" do regime econômico escravocrata, precisava da força de um centro institucional sólido para dar cumprimento ao desenvolvimento de leis e de melhores condições societárias. O mesmo raciocínio reapareceria nos conservadores ou saquaremas do Segundo Reinado, ao propugnarem certa dose de poderes nas mãos do monarca e do centro – algo que, com o Poder Moderador, garantiu a continuidade institucional –, e, de maneira algo distanciada e cuja pertinência no tempo é um tanto discutível, reapareceria em autores do autoritarismo do século XX, como Oliveira Viana.

O que movia Bonifácio era a rejeição, também compartilhada pelos futuros saquaremas, à tese de que funcionaria muito bem simplesmente transplantar para o Brasil princípios e instituições de sociedades como a britânica ou a americana, de origens e enraizamentos bastante diferentes da realidade brasileira. Cairu, leitor de Burke, concordaria em que, para culturas e histórias diferentes, remédios diferentes e adaptações do que é universal são necessários.

O fato é que *Lembranças e Apontamentos* foi desprezado pelas Cortes de Lisboa, em que Antônio Carlos foi provavelmente seu mais eloquente defensor. A maioria dos deputados portugueses queria que as províncias fossem novamente divididas, anulando-se toda a importância do príncipe regente e de um centro americano, respondendo todas igualmente a Lisboa. Rapidamente poderiam se refazer, ao menos em parte, os limites econômicos de outrora. A insatisfação começou a produzir ruídos entre os brasileiros mais patriotas e nativistas, que não desejavam nenhum retorno às condições anteriores ao período joanino, sob qualquer aspecto. Os portugueses não poderiam descontar no Brasil as suas frustrações.

Em dezembro de 1821, essas intenções antibrasileiras ficaram estampadas para quem quisesse ver, com a exigência de que também D. Pedro regressasse a Portugal e desfizesse a Corte do Rio. Algumas províncias brasileiras, embora habitadas por cidadãos portugueses com direitos constitucionalmente garantidos, seriam governadas por juntas militares dependentes de Lisboa. Quando D. Pedro, indeciso, sinalizou cumprir as ordens das Cortes, o Brasil se inquietou, principalmente as províncias de São Paulo e Minas Gerais, compenetrando-se progressivamente de que a conciliação não era uma opção e se tornava inevitável partir para o confronto.

Nesse ponto, cabe a discussão, levantada por alguns críticos, sobre a centralidade do Sudeste no projeto emancipacionista ao redor do Rio de Janeiro, que não seria compartilhada igualmente pelas outras regiões. É uma verdade que havia, notadamente no Nordeste, grupos que se dividiam entre os que esperavam que o liberalismo das Cortes fosse mais generoso com as províncias americanas que o Reino do Brasil, e outros que alimentavam interesses exclusivamente portugueses. Havia ainda regiões oscilantes e ambíguas, como Pernambuco, ainda não esquecida dos dias da Revolução de 1817. Porém, parece um exagero circunscrever a independência aos interesses dos fluminenses, paulistas e mineiros; basta recordar que tanto o visconde de Cairu quanto Maria Quitéria eram baianos.

Fato é que José Bonifácio se solidarizou com a causa do "Fico" virulentamente e escreveu estas palavras fortes diretamente a D. Pedro:

> *"Apenas fixamos nossa atenção sobre o primeiro decreto das Cortes acerca da organização dos governos das províncias do Brasil, logo ferveu em nossos corações uma nobre indignação, porque vimos nele exarado o sistema da anarquia e da escravidão. (...) O segundo nada menos pretende do que desunir-nos, enfraquecer-nos e até deixar-nos em mísera orfandade. (...) como agora esses deputados de Portugal, sem esperarem pelos do Brasil, ousam já legislar sobre os interesses mais sagrados de cada província e de um reino inteiro? (...) como ousam desmembrá-lo em porções desatadas e isoladas, sem lhe deixarem um centro comum de força e união? Como querem despojar o Brasil do Desembargo do Paço, e Mesa da Consciência e Ordens, Conselhos de Fazenda, Junta de Comércio, Casa da Suplicação e de tantos outros estabelecimentos? (...) para onde recorrerão os povos desgraçados a bem de seus interesses econômicos e judiciais? Irão agora, depois de acostumados por doze anos a recursos prontos, a sofrer outra vez, como vis colonos, as delongas e trapaças dos tribunais de Lisboa, através de duas mil léguas de oceano? (...) este inaudito despotismo, este horroroso perjúrio, decerto não o merecia o bom e generoso Brasil. (...)*

V. A. Real deve ficar no Brasil quaisquer que sejam os projetos das Cortes constituintes não só para nosso bem geral, mas até para a independência e prosperidade futura do mesmo Portugal. Se V. A. Real estiver (o que não é crível) pelo deslumbrado e indecoroso decreto de 29 de setembro, além de perder para o mundo a dignidade de homem e de príncipe, tornando-se escravo de um pequeno número de desorganizadores, terá também que responder, perante o Céu, do rio de sangue que decerto vai correr pelo Brasil."[64]

Impressionado por essas palavras e pela mobilização que se lhes fazia acompanhar, D. Pedro decidiu permanecer e liderar, por esse simples ato, a resistência ao desmembramento do Reino do Brasil, rejeitando-lhe a submissão às Cortes.

Em 18 de janeiro, com insistência de D. Pedro e D. Leopoldina – que, pelos interesses em comum, havia se tornado sua amiga –, Bonifácio se tornou ministro do Reino e dos Estrangeiros, aos sessenta anos. Construiu-se uma relação decisiva e impactante, embora não isenta de dificuldades; o jovem e ambicioso príncipe e o realista senhor de Santos trabalhariam juntos para garantir o respeito à dignidade nacional. Também nesse momento começou a se delinear a relação conflituosa, temperada pelas circunstâncias de similitude de intenções, entre Bonifácio e os liberais do Rio de Janeiro, em geral maçons e com uma retórica mais inflamada e teórica, como Gonçalves Ledo – relação em que os mesmos críticos, como Tarquínio, veem acertos e excessos de parte a parte. Esses grupos disputavam a preferência do príncipe, que se tornava admirador de seu genioso ministro, mas queriam todos a autonomia brasileira, que as Cortes estavam desejosas de subtrair.

Em oposição a alguns extremistas republicanos e federalistas e aos "reacionários" portugueses, Bonifácio orientou D. Pedro no esforço de amealhar alianças nas províncias ao projeto unionista brasileiro. Resistiu à proposta, endossada pelos maçons flumi-

---

64 SOUSA, 2015, p. 148.

nenses, de uma Assembleia Constituinte imediata, importando primeiro, a seu ver, garantir a unidade do território, evitando as desordens que deveriam provir de um tal procedimento em uma sociedade desacostumada ao regime democrático e submersa nas consequências da dispersão geográfica e da escravidão. Bonifácio não queria uma Constituição para o Reino do Brasil antes de garantir que o próprio reino subsistiria, contendo as forças particularistas. Não se esquecera, aliás, da Constituinte francesa, abertura de portas para a sangrenta revolução.

A tensão que se criou parece ter arrefecido levemente, com a eleição de Bonifácio para grão-mestre do Grande Oriente do Brasil, na nova organização que a maçonaria recebeu, para o que um relaxamento nas relações com Ledo certamente fora necessário. Bonifácio consentiu, com olhar atento sobre o andamento das iniciativas, com o prosseguimento da Constituinte, mas fez uso de um órgão já existente, o Conselho de Procuradores, e da autoridade do próprio príncipe para coordenar a convocação dos trabalhos constituintes, procurando refrear o poderio da maçonaria e temperar possíveis riscos demagógicos. Pernambuco decidiu aderir ao Rio de Janeiro. Todos os movimentos eram de molde a afirmar a existência e soberania do Brasil.

Inconformadas, as Cortes ameaçaram enviar tropas para remover o príncipe do Brasil e impedir a chegada de remessas de armas ao reino. Bonifácio enfatizou a rejeição aos termos e deliberações das Cortes, afirmando que o Brasil exigia o direito de ter sua própria Assembleia e satisfazer aos anseios de seus próprios cidadãos.

Veio o momento capital. Quando D. Pedro estava em viagem por São Paulo, deixando D. Leopoldina encarregada da Regência, chegaram, em fins de agosto, navios de Lisboa determinando processar quem organizou a reunião do Conselho de Procuradores para criação de uma Constituinte, particularmente o próprio Bonifácio, e fazer cumpridas as determinações de subordinação das províncias do Brasil a Lisboa. Reunido o Conselho de Ministros, sob coordenação da princesa, ficou determinada a Independência do Brasil.

A decisão foi remetida a D. Pedro, junto com mensagem de José Bonifácio: "o dado está lançado e de Portugal não temos a esperar senão escravidão e horrores. Venha V. A. quanto antes e decida-se; porque irresoluções e medidas d'água morna, à vista desse contrário que não nos poupa, para nada servem e um momento perdido é uma desgraça". D. Pedro não esperou. Em 7 de setembro de 1822, às margens do Ipiranga, simbolicamente endossou a separação de Portugal e o nascimento do Império do Brasil.

Com D. Pedro aclamado como imperador D. Pedro I, estabeleceu-se a cisão definitiva entre Bonifácio e o grupo maçônico fluminense de Ledo. Os fluminenses queriam que D. Pedro jurasse previamente à Constituição que resultaria da Assembleia que promoveriam; Bonifácio acreditava que a monarquia brasileira fazia a independência e não poderia se sujeitar ao risco de uma Constituição permeada de abusos que poderiam ser enxertados por agitadores. Tinha "escassa confiança nas obras dos grandes corpos coletivos, onde muitas vezes a influência maior não era dos mais ilustres, dos mais idôneos, dos mais virtuosos, porém dos mais audaciosos, dos mais atrevidos, dos mais dotados de facúndia oratória"[65]. Como ministro, conseguiu convencer o imperador de seus pontos. "Sem ele no governo, e sem a presença de D. Pedro", resumiria Tarquínio, "a unidade do vasto Império teria sido preservada com dificuldades muito maiores, e o Brasil, dividido e dilacerado, não escaparia provavelmente aos transes do caudilhismo e da tirania militar"[66].

Entre idas e vindas, diante das intrigas e das disputas políticas subterrâneas aos grandes acontecimentos públicos, Bonifácio chegou até 1823, o ano em que se daria a Constituinte, caindo em desgraça perante muitos críticos, pelas soluções de força a que o governo às vezes incorria e a sua inexperiência e falta de inclinação para a negociação política, de resto compreensível em um país que ainda ensaiava as formas representativas. Ocorreram então os episódios de conturbação que levaram o imperador a

---

[65] SOUSA, 2015, p. 201.
[66] SOUSA, 2015, p. 209.

dissolver a Assembleia e exilar parlamentares constituintes, entre eles o próprio Bonifácio. Abordaremos esses eventos no capítulo voltado especificamente para a participação e as ideias do jovem monarca.

Exilado em Talence, a quatro quilômetros de Bordéus, mas sempre atento ao que ocorria no país que ajudou a fundar, José Bonifácio recebeu permissão de retornar ao Brasil em 1829. Não poupava, nesse período de ausência, críticas ao imperador, sobretudo por sua relação com a amante, a Marquesa de Santos, Domitila de Castro (1797-1867). Chegou viúvo e viu a decadência do Primeiro Reinado e a abdicação do imperador, em 1831. Durante o Período Regencial, acolheu o comovente pedido do monarca de se tornar tutor de seu filho, o futuro D. Pedro II. D. Pedro I lhe havia escrito, atestando sua confiança e admiração pelo patriarca, a despeito das rusgas e do longo e doloroso banimento: "É chegada a ocasião de me dar mais uma prova de amizade, tomando conta da educação de meu muito amado e prezado filho, seu imperador. Eu delego em tão patriótico cidadão a tutoria do meu querido filho, e espero que educando-o naqueles sentimentos de honra e patriotismo com que devem ser educados todos os soberanos para serem dignos de reinar, ele venha um dia a fazer a fortuna do Brasil, de quem me retiro saudoso. Eu espero que me faça este obséquio, acreditando que a não mo fazer eu viverei sempre atormentado. Seu amigo constante, Pedro"[67].

Infelizmente, José Bonifácio era pouco compatível com a elite que começava a se sobressair, a dos chamados "liberais moderados", que formariam a ortodoxia política do Segundo Reinado. Não que divergissem fundamentalmente no projeto geral de uma monarquia unida e com franquias liberais e constitucionais, mas a diferença geracional e as suspeitas do momento geravam profunda indisposição ao seu nome por parte de figuras como Evaristo da Veiga e Diogo Feijó, e vice-versa. Chegou a comentar: "Os políticos da moda querem que o Brasil se torne Ingla-

---

[67] SOUSA, 2015, p. 283.

terra ou França; eu quisera que ele perdesse nunca os seus usos e costumes simples e naturais e antes retrogradasse do que se corrompesse"[68].

O Brasil, por um tempo, ficou dividido entre os "moderados", os "radicais" - que degringolavam para a separação regional e a República - e os "caramurus", que queriam inutilmente a volta de D. Pedro I ao trono. A presença dos irmãos de Bonifácio entre estes últimos lançou suspeitas sobre ele, inflamadas após a tentativa de um levante armado caramuru. A imprensa, inclusive o jornal de Evaristo da Veiga, dos mais influentes sobre a nova elite política, procurando implicá-lo como conspirador, investiu furiosamente e zombeteiramente contra Bonifácio, sem levar em consideração quaisquer dos inúmeros serviços que prestou ao Brasil, a Portugal e à ciência ao longo de todos os seus anos de vida. Alguns nomes, inclusive o visconde de Cairu, o defenderam das injúrias no Senado. Não adiantou.

Em 14 de dezembro de 1833, por ato instigado pelo ministro da Justiça Aureliano Coutinho (1800-1855), mais tarde uma espécie de eminência parda no começo do Segundo Reinado, foi suspenso do cargo de tutor. Afastado da vida pública, viveu seus últimos anos em uma casa na ilha de Paquetá, na Baía de Guanabara, morrendo em Niterói aos 75 anos, no dia 6 de abril de 1838.

Durante a Independência, D. Pedro quis conferir a Bonifácio títulos e honrarias, mas ele rejeitou. Pediu apenas que o Estado inscrevesse na lápide em sua sepultura, como recompensa pelo papel que desempenhou, alguns versos do poeta Antônio Ferreira: "Eu desta glória só fico contente, que a minha terra amei e a minha gente"[69].

---

[68] SOUSA, 2015, p. 299.
[69] SOUSA, 2015, p. 305.

AS IDEIAS SOCIAIS DE JOSÉ BONIFÁCIO

O patriarca da Independência alimentava diversas ideias políticas, todas elas mais ou menos acessórias às suas pretensões fundamentais, já evidenciadas em suas atitudes durante a crise que desemboca na separação do império luso, de dignificar o Brasil, se possível em pé de igualdade com Portugal, se impossível como um país independente, através do prestígio político e administrativo de um centro norteador, que interligaria todas as províncias pela deferência à Coroa. Talvez a primeira das ideias políticas que poderiam ser deduzidas, em correlação com essa premissa básica e prática, seria a necessidade de ordem social, por oposição ao louvor das revoluções.

Quando o Brasil ainda estava ligado a Portugal, Bonifácio recomendava que, para evitar uma indesejável revolução na América contra Lisboa, seria preciso não "aumentar tropas, pagar numerosos espiões ou fechar os ouvidos aos clamores do povo contra os mandões", mas sim implementar "justiça, (...) instrução e nova civilização; e não querer governar o Brasil, já reino, como o Brasil colônia"[70]. Da mesma forma, já se preocupava em refletir sobre os preceitos que um Estado deveria observar para ser capaz de se conservar, e os sistematizou da seguinte forma:

> *"1º) Observância das leis e à letra. 2º) Antes diminuí-las, que aumentá-las. 3º) Igualdade de justiça e superioridade de merecimento. 4º) Bom sistema de imposição, arrecadação e despesas; o que faz pagarem os vassalos com presteza e boa vontade, e chegar o pouco para o muito. 5º) Ser infame o soldado fraco, o ministro ladrão, e não escapar à lei o que furta ao Estado por comissão ou omissão. 6º) Não dar comendas, hábitos, capelas e ofícios senão aos beneméritos, e não dá-las por vidas (hereditariamente). 7º) Prover os cargos seguidamente e não por saltos. 8º) Dar o governo mostras continuadas de que sabe casti-*

[70] SILVA, 2000, p. 79.

gar o duque, o desembargador, o general, como o sapateiro, logo que o merecem. 9º) Que as graças assim como os castigos sejam conferidos por tribunais bem regulados e contidos, e não por indivíduos, quais os favoritos, ministros, damas, etc. 10º) Liberdade da imprensa só sujeita à lei ex post facto (depois do fato) porém não ante factum (antes do fato). 11º) Liberdade pessoal sagrada. 12º) Direito de propriedade sagrado. 13º) Procurar estar em paz com todos, e pronto a fazer guerra a qualquer. 14º) Não fiar negócios de potros, de que se não sabem as manhas, nem de velhos, que já estão caducos. 15º) Folgar de saber tudo; mas não intentar tudo."

Ao ver essa lista, certamente não estaremos sozinhos em refletir se os brasileiros atuais não gostariam de que suas lideranças, nas mais diversas áreas, se inspirassem mais nas diretrizes de seu fundador. A esses preceitos, entretanto, Bonifácio adicionava medidas econômicas necessárias para o desenvolvimento do império, tais como uma reforma na distribuição e dinâmica de exploração da terra das então sesmarias, o incentivo à vinda de estrangeiros - pois, sem qualquer xenofobia ou nacionalismo deformado, começando a se estruturar, a jovem nação precisaria "chamar e acolher a todos os estrangeiros, que lhe podem servir de mestres nos ramos de instrução e economia pública", devendo apropriar das outras nações "o que convém melhor à sua situação política e física"[71]. Deveria investir na segurança, reprimindo ativamente os criminosos, mas cuidar, na mesma proporção, da educação jurídica e científica, pois que a seus olhos não haveria razão para uma medida estar em oposição à outra.

Bonifácio também não tinha nenhuma devoção piegas aos monarcas e aos nobres, limitando-se a reconhecer a utilidade e o valor da instituição que representavam. Isso se demonstra quando, em suas anotações pessoais, dá testemunho de serem, não os

---

[71] SILVA, 2000, p. 89.

príncipes faustosos ou os governadores das nações, mas por vezes homens de menor monta, de outras posições sociais, notadamente os que se dedicam às obras científicas e fazem as grandes descobertas, os responsáveis por muitas realizações fundamentais à vida cotidiana do povo.

Era um admirador do mérito pelo esforço, dos sucessos conquistados pela prova de valor, sustentando não se felicitar de soluções de força e violência em que apostavam os cultistas dos guerreiros e da espada.

Sobre a importância da liberdade, Bonifácio também ratificou que os brasileiros "querem ter liberdade; mas liberdade individual, e não a que tinham as repúblicas antigas, que era só a pública ou política". Isso seria conseguido com o "império constitucional", que era mais adequado ao país "sem que fosse preciso recorrer com amargos sacrifícios ao ideal republicano, que a experiência de seus vizinhos lhes apresentava anárquico e violento"[72].

Respeitando sua visão de que os representantes do Estado precisam perseguir o bem da comunidade política e inspirar pelo exemplo, atacava o absolutismo puro e simples e a pretensão da autoridade de se impor pelo constante desafio aos que lhe estão subordinados. Sustentava a sacralidade da Constituição, que não bastaria estar em papel, mas precisaria "estar arraigada em nossas leis, estabelecimentos e costumes", para que dispensasse a necessidade do recurso a "comissões militares e medidas ditatoriais"[73] para reestabelecer a ordem. Também a necessidade de evitar um despotismo "açucarado e mole, mas por isso mesmo perigoso, por tirar todo nervo dos espíritos e abastardar os corações"[74]. No campo econômico, Bonifácio também desprezava, justamente por ver aí uma dessas indisposições inconsequentes dos governantes com os governados, o desvario na cobrança de impostos, porque "nenhuma nação sobrecarregada de impostos é

---

72 SILVA, 2000, p. 108.
73 SILVA, 2000, p. 122.
74 SILVA, 2000, p. 129.

própria para grandes coisas; sobretudo quando os impostos não são voluntários"[75].

Apesar de tudo isso, as ideias de José Bonifácio se destacaram mesmo do conjunto dos pensadores e articuladores da Independência na época sob dois outros pontos de vista. Se todos pensavam na prosperidade do território luso-americano e em não se permitirem subjugar pelas Cortes lisboetas, e se todos os que se vincularam ao projeto emancipacionista vencedor admitiram a coroa de D. Pedro como o elemento aglutinador, Bonifácio construiu uma obra intelectual de análise psicológica do perfil do povo sobre o qual se iria erguer uma nova pátria e, associada a isso, uma teoria social de reformas profundas que esse povo demandaria.

O velho santista não tinha a pretensão apenas de uma independência político-administrativa e de liberdades econômicas em relação às determinações de lideranças movidas pelos interesses de além-mar. Ele queria efetivamente produzir uma nação, que se ajustasse em plenitude a essa institucionalidade e pudesse lhe conferir solidez. Para ele, a negligência com relação a certos desafios essenciais e estruturais da sociedade construída na América pelos portugueses levaria a crises que, cedo ou tarde, não permitiriam mais a subsistência do regime.

Quanto à análise psicológica que fez do povo em que nasceu e sobre quem iria obrar, Bonifácio descreveu que os brasileiros "são entusiastas do belo ideal, amigos da sua liberdade e mal sofrem perder as regalias que uma vez adquiriram. Obedientes ao justo, inimigos do arbitrário, suportam melhor o roubo que o vilipêndio; ignorantes por falta de instrução, mas cheios de talento por natureza, de imaginação brilhante, e por isso amigos de novidades que prometem perfeição e enobrecimento; generosos, mas com bazófia; capazes de grandes ações, contanto que não exijam atenção acurada e não requeiram trabalho assíduo e monotônico; apaixonados do sexo por clima, vida e educação". Muitos de nós certamente diriam que seu diagnóstico não está muito longe da

[75] SILVA, 2000, p. 145.

realidade, mesmo se aplicado hoje. Porém, ele acrescentou, em tom de vaticínio: "Empreendem muito, acabam pouco. Sendo os atenienses da América, se não forem comprimidos e tiranizados pelo despotismo"[76].

Não foi nada generoso com os defeitos e não se furtou de criticar os habitantes do palco de seu labor: disse que os brasileiros "mostram altivez nas baixezas, amor-próprio nas bagatelas e obstinação em puerilidades"; que "falsidade e dissimulação" fazem seu caráter geral, sendo ainda "curiosos e inquietos, mas não ativos nem aplicados"; que neles, entre o interesse, o prazer e a vaidade, os dois últimos dominam, juntamente com "os calores continuados e as superstições religiosas"; que "as ciências e boas letras estão por terra, tudo o que interessa é vender açúcar, café, algodão, arroz e tabaco"; que "a virtude, quando existe, é heroica, porque tem que lutar com a opinião e o governo"; e que "as nações pouco cultas, mas vivas e impetuosas como a nossa, detestam novidade de prática, mas abraçam logo todas as especulativas, sejam quais forem"[77]. Apesar disso tudo, que deixou para a posteridade como um torpedo apontado diretamente aos nossos egos, não parece haver um só instante de sua trajetória em que seus pensamentos e sentimentos não estejam voltados para esta terra e para o que lhe poderia ser proveitoso.

Infelizmente, para Bonifácio, "a maior corrupção se acha onde a maior pobreza está ao lado da maior riqueza"[78]. O que isso poderia significar, aplicado ao caso do Brasil? Ora, que a extrema desigualdade social, sobretudo quando produzida tão-somente em decorrência da injustiça e da rapacidade dos representantes do Estado, do apetite insaciável e insensível dos governos ou da afronta sistemática aos direitos fundamentais, é amiga do roubo e do caos social. Seria preciso remediar isso para que houvesse um mínimo feixe de união entre todos os brasileiros – e todos os brasileiros fossem efetivamente cidadãos.

---

[76] SILVA, 2000, p. 97.
[77] SILVA, 2000, p. 98-101.
[78] SILVA, 2000, p. 101.

Na época, a pior das misérias – evidentemente, a escravidão, em que o indivíduo não possui direitos nem sobre si mesmo e seus próprios atos e escolhas – convivia com a fartura e o ócio de senhores que desprezavam todo trabalho braçal. Uma sociedade tão decantada, fracionada em universos sociais tão abissalmente separados pela própria franquia de direitos a que tinham acesso, não poderia construir uma "liga", formar efetivamente uma nação e avançar rumo à verdadeira prosperidade, enquanto essas divisões intoleráveis não se desfizessem pelo império da lei, da probidade e da liberdade. A independência, portanto, era um gesto político-institucional de enorme importância para o brio dos brasileiros, mas a nação brasileira só poderia completar sua consolidação quando não houvesse mais nenhum escravo. Quando os negros – e, acrescente-se, os índios – pudessem ser considerados elementos formadores da grande família brasileira, livres e civilizados, respondendo por seus atos e capazes de lutar por seus próprios interesses.

Tais ideias sociais de Bonifácio, que antecipam todos os pensadores da brasilidade como sinônimo de "miscigenação" e "mistura" que despontaram no século XX, bem como as afirmações no mesmo sentido do grande recifense Joaquim Nabuco em seu clássico *O Abolicionismo*, não eram corriqueiras em sua época, ao menos não na exposição sistemática e ativista com que ele as emoldurou. Muitos de seus pares, que atuaram na movimentação emancipacionista, mesmo aqueles que tinham a fama do mais apurado liberalismo dentro da maçonaria, não necessariamente avançavam de maneira tão entusiasmada em defesa dessas bandeiras mais próprias da dimensão social que da meramente política, indo até a superação completa do modelo escravocrata em vigência e dos interesses de quem ainda se locupletava dele. Em boa medida por causa disso, essas teses andradinas foram derrotadas e a abolição só viria em 1888, quando acabou se somando aos elementos demolidores de uma monarquia em vias de morrer.

Um dos demonstrativos mais bem acabados dessa faceta do nosso personagem é a sua célebre *Representação à Assembleia*

Geral Constituinte e Legislativa do Império do Brasil sobre a escravatura, que foi levada à malfadada Assembleia com a funesta esperança de reverberar entre os seus integrantes. Ali, Bonifácio resumia que dois temas lhe pareciam ser "de maior interesse para a prosperidade futura deste Império", sendo um deles "um novo regulamento para promover a civilização geral dos índios do Brasil" e o outro "uma nova lei sobre o comércio da escravatura e tratamento dos miseráveis cativos"[79].

O Andrada começa remetendo aos esforços britânicos por libertar os cativos, que sofreram resistências similares de quem supunha serem uma medida aniquiladora da vida econômica nacional. Não obstante, a escravidão britânica cessou e as colônias inglesas não se arruinaram. Por isso, Bonifácio se pergunta indignado, "por que os brasileiros somente continuarão a ser surdos aos gritos da razão e da religião cristã, e direi mais, da honra e brio nacional? Pois somos a única nação de sangue europeu que ainda comercia clara e publicamente em escravos africanos"[80]. Era a repulsa de quem enxergava a injustiça quando a maioria preferia priorizar as conveniências. Sobretudo porque, na concepção de Bonifácio, a emancipação, mesmo que gradual, dos escravos uniria a justiça à conveniência, afinal, voltemos a enfatizar, não poderia ser mais necessária à consolidação da nacionalidade e a coerência de suas leis.

"Como poderá haver uma Constituição liberal e duradoura em um país continuamente habitado por uma multidão imensa de escravos brutais e inimigos? (...) É tempo, pois, e mais que tempo, que acabemos com um tráfico tão bárbaro e carniceiro; é tempo também que vamos acabando gradualmente até os últimos vestígios da escravidão entre nós, para que venhamos a formar em poucas gerações uma nação homogênea, sem o que nunca seremos verdadeiramente livres, respeitáveis e felizes. É da maior necessidade ir acabando tanta heterogeneidade física e civil; cuidemos pois desde já em combinar sabiamente tantos elementos

---

79 SILVA, 2000, p. 23.
80 SILVA, 2000, p. 24.

discordes e contrários, e em amalgamar tantos metais diversos, para que saia um todo homogêneo e compacto, que se não esfarele ao pequeno toque de qualquer nova convulsão política"[81], prosseguiu. Quem haveria de recusar a esse trecho seu explícito caráter de antevisão?

Bonifácio enumera razões variadas para pôr um fim a esse costume bárbaro, que considera um crime porque a nação portuguesa e os brasileiros, como seus herdeiros, deveriam ainda por muito tempo se penitenciar. Algumas dessas razões, por sinal, são econômicas: o ócio dos senhores de terras, a deficiência na criação de riquezas, a limitação dos lucros e desenvolvimentos que são possíveis em uma sociedade que se rege por tal sistema. Outras, curiosamente, atestavam seu pioneirismo em outro setor: eram ecológicas, ambientais – atreladas às econômicas, é evidente, mas também ecológicas. Bonifácio já vituperava "o péssimo método da lavoura de destruir matas e esterilizar terrenos em rápida progressão"[82], bem como rogava por um tempo em que "nossas matas preciosas em madeiras de construção civil e náutica não seriam destruídas pelo machado assassino do negro e pelas chamas devastadoras da ignorância"[83].

Mesmo assim, e não poderia ser diferente, a principal motivação da bandeira andradina de ansiar por ver o Brasil habitado igualmente apenas por cidadãos era filosófico-moral. Por mais interessante que fosse a escravidão para os cálculos econômicos de alguns afortunados, sendo imoral e ilegítima perante todos os fundamentos de valores a serem prezados, aviltando os direitos naturais, ela não poderia ser admitida. "A sociedade civil tem por base primeira a justiça e por fim principal a felicidade dos homens", justifica, "mas que justiça tem um homem para roubar a liberdade de outro homem, e o que é pior, dos filhos deste homem, e dos filhos destes filhos? Mas dirão talvez que se favorecerdes a liberdade dos escravos será atacar a propriedade. Não vos

---

81 SILVA, 2000, p. 24.
82 SILVA, 2000, p. 28.
83 SILVA, 2000, p. 30.

iludais, senhores, a propriedade foi sancionada para bem de todos, e qual é o bem que tira o escravo de perder todos os seus direitos naturais e se tornar de pessoa a coisa, na frase dos jurisconsultos? Não é, pois, o direito de propriedade que querem defender, é o direito da força, pois que o homem, não podendo ser coisa, não pode ser objeto de propriedade. Se a lei deve defender a propriedade, muito mais deve defender a liberdade pessoal dos homens, que não pode ser propriedade de ninguém, sem atacar os direitos da providência, que fez os homens livres, e não escravos; sem atacar a ordem moral das sociedades, que é a execução estrita de todos os deveres prescritos pela natureza, pela religião e pela sã política: ora, a execução de todas estas obrigações é o que constitui a virtude; e toda legislação e todo governo (qualquer que seja a sua forma) que a não tiver por base é como a estátua de Nabucodonosor, que uma pedra desprendida da montanha a derribou pelos pés; é um edifício fundado em areia solta, que a mais pequena borrasca abate e desmorona."[84]

A antevisão de Bonifácio ia mais além e alcançava algo que os abolicionistas do final do Império – em especial, mais uma vez, Nabuco – enxergavam: o impacto deletério da instituição escravocrata sobre todas as camadas da sociedade. "Se a moralidade e a justiça social de qualquer povo se fundam, parte nas suas instituições religiosas e políticas e parte na filosofia, para dizer assim, doméstica de cada família, que quadro pode apresentar o Brasil, quando o consideramos debaixo destes dois pontos de vista? Qual é a religião que temos, apesar da beleza e santidade do evangelho que dizemos seguir? A nossa religião é pela maior parte um sistema de superstições e de abusos antissociais; o nosso clero, em muita parte ignorante e corrompido, é o primeiro que se serve de escravos e os acumula para enriquecer pelo comércio e pela agricultura e para formar, muitas vezes, das desgraçadas escravas um harém turco. As famílias não têm educação, nem a podem ter com o tráfico de escravos, nada as pode habituar

84 SILVA, 2000, p. 30.

a conhecer e amar a virtude e a religião. (...) O luxo e a corrupção nasceram entre nós antes da civilização e da indústria; e qual será a causa principal de um fenômeno tão espantoso? A escravidão, senhores, a escravidão, porque o homem, que conta com os jornais de seus escravos, vive na indolência, e a indolência traz todos os vícios após si."[85]

É certo que, mesmo diante de todos esses trechos de inspiração rara e emoção genuína extravasando por sua pena, Bonifácio não defendia a libertação imediata de todos os escravos. Isso se deve a alguns receios que compartilhava com o restante da elite da época; os escravos precisariam, uma vez decidido que não aumentariam em número, ser primeiro melhor tratados, ter seus sofrimentos abrandados e suas famílias educadas, para que as novas gerações, supostamente menos propícias a rebeliões violentas e de temperamento mais disposto a se integrar aos descendentes palpáveis dos senhores de seus ancestrais, pudessem estar plenamente livres e integradas à sociedade. O exemplo da brutal Revolução Haitiana, a Revolta de São Domingos (1791-1804), ainda exercia sua impressão sobre o imaginário dos estadistas brasileiros e de outros países.

Por isso, em vez de propor a emancipação total e imediata, Bonifácio propõe o gradualismo. Porém, sem se prender à vagueza e à mera teorização, desenvolveu e protocolou uma proposta de código de regras a serem sistematicamente seguidas para levar ao objetivo. O projeto previa prazo definido para a extinção do tráfico, conferia direitos aos escravos e criava instrumentos para a sua educação moral e financeira.

Finalmente, em seus *Apontamentos para a civilização dos índios bravos do Império do Brasil* (igualmente apresentado na Assembleia Constituinte dissolvida) e alguns outros textos de sua lavra, Bonifácio avalia a questão dos índios, que lhe era bastante sensível desde a juventude em Santos. Não se pode dizer que sua visão dos povos indígenas era muito favorável; Bonifácio

---

85 SILVA, 2000, p. 27.

julgava-os preguiçosos, belicosos e constantemente ladrões; porém, ao mesmo tempo, os considerava imaginativos e "um rico tesouro para o Brasil se tivermos juízo e manha para aproveitá-los"[86]. Para isso, deveriam ser incentivados o aprendizado indígena da língua portuguesa, a assimilação, a aliança e o comércio, com algumas contrapartidas, como o abandono total do canibalismo por parte dos indígenas. O esforço dos jesuítas de catequização poderia servir de inspiração aos novos modos do Império, mas, ao ver de Bonifácio, sem algumas crueldades de que foram vítimas pela mão dos portugueses.

"Meter nos índios ideias de honra e necessidades sociais, e serão ativos – misturados com os portugueses e pretos; e será uma raça melhor", receita o Andrada. "Os dois objetos capitais para o Brasil são legislar e moldar de novo índios e escravos de raça africana. Os escravos, entes vis e corrompidos, afogam nos meus patrícios os sentimentos nobres e liberais desde o berço, cercando-os desde a infância de uma atmosfera pestilenta. Os índios devem progressivamente ser misturados com os brancos por casamento e morada"[87].

Uma raça melhor, disse Bonifácio. Não contente em torpedear, antes mesmo da emergência dos eugenistas brasileiros de toda espécie de fins do século XIX e começo do XX, qualquer complexo de inferioridade na miscigenação, ele ainda a enaltecia como a ferramenta para uma nova civilização, um novo tipo de existência, um amálgama de vantagens para assentar, aos olhos do mundo, um povo imenso que, a um só tempo, cultivaria o conhecimento, o labor e a prosperidade, harmonizando-se com as diferenças e celebrando a vida com a alegria e efervescência que lhe seriam próprias.

José Bonifácio não foi, retomamos, um derrotado. Venceu em muitos aspectos. Naqueles em que foi derrotado, em metade, sua vitória soou anos depois, como quando os Nabucos e Patrocínios assistiram à assinatura da Lei Áurea, depois dos esforços de Rios

---

86 SILVA, 2000, p. 73.

87 SILVA, 2000, p. 72.

Brancos e Joões Alfredos para que, ainda que em marcha lenta, a torturante mácula da escravidão desaparecesse para sempre. Naquela outra metade em que suas ideias não se concretizaram, talvez seja tempo de trabalhar para que celebremos tardiamente seu derradeiro triunfo.

3. GONÇALVES LEDO E A MAÇONARIA NA INDEPENDÊNCIA

A MAÇONARIA NA INDEPENDÊNCIA

É possível entender a constituição de um fenômeno ou de uma realidade histórica a partir dos personagens que nela atuam (como, aliás, fazemos neste livro), a partir dos fatos e processos que são alheios às vontades e desígnios de qualquer individualidade, bem como a partir dos corpos coletivos em que essas individualidades se organizam – as instituições ou grupos em que atuam.

O Brasil, sob este último aspecto, é uma construção, além propriamente das etnias que originam seu povo, do Estado português, da Igreja Católica – ponto em que importa destacar, ao longo da vinculação a Portugal, o papel dos jesuítas –, das Forças Armadas – essenciais em seu papel integrador e na contenção de processos fragmentadores, desconsiderando-se o fato de depois, a partir da República, terem assumido função de comando direto dos acontecimentos e alargado seu poder político – e, sem sombra de dúvidas, a maçonaria.

Enredaram-se com a maçonaria, nela tomaram parte ativa, ou ao menos encontraram aí um círculo social de relevância para se projetarem, muitos dos principais homens públicos que fizeram a Independência e que fizeram a República. Com isso não se quer fazer coro a teorias conspiratórias que se deparam com planos sinistros de dominação mundial na mais modesta das lojas maçônicas ou querer sobrestimar o poder dessa instituição sobre os rumos sociais. Faz-se apenas o reconhecimento de fator muito importante nos acontecimentos que levam à separação do Reino do Brasil.

A maçonaria, ou franco-maçonaria, nas suas configurações modernas, é uma sociedade fraternal, iniciática e masculina, cujo nome vem de *mason*, que significa "pedreiro". Sua primeira manifestação conhecida data de 1717 em Londres, com a instituição da figura do Grão-Mestre e o abrigo da ideia de uma Grande Loja, apesar de os maçons prodigalizarem referências a eventos e narrativas simbólicas oriundos de um passado mais remoto. Exigindo tão-somente que o membro admita a existência de um Ente superior – genericamente chamado Grande Arquiteto do Universo –, é geralmente aceito que a maçonaria evolui de uma antecessora chamada maçonaria Operativa, cuja origem exata era a de associações de pedreiros autênticos, responsáveis na Idade Média por atividades próprias da arquitetura, conservando em círculos fechados os segredos das construções.

Em decorrência do Iluminismo, esse sistema dá origem a espaços ritualizados de encontro e cultivo de valores liberais e democráticos – em última instância, ambientes de livre circulação de ideias que permitiam o alastramento de doutrinas estranhas aos interesses dos meios oficiais. Nisso consiste a "maçonaria especulativa", que vem a ser aquela que conhecemos hoje, focada no propósito do "aprimoramento moral" do ser humano. O Reverendo James Anderson estabelece, em 1723, os primeiros códices, regulamentos e normas que constituiriam as lojas modernas, na chamada Constituição de Anderson.

É com esse caráter que algumas referências algo discutidas entre os historiadores pontuam que os primeiros maçons – ou melhor seria dizer "protomaçons" – no Brasil se associam e difundem teses revolucionárias durante o século XVIII, supostamente inspirando movimentos nativistas. Essas sociedades de estudantes e intelectuais, replicando a formatação maçônica, embora sem necessariamente ligações formais com lojas europeias, se utilizariam desse expediente para permitir a circulação de todos os tipos de contestações teóricas ao regime capitaneado por Portugal.

É sabido, porém, que apenas no século XIX, como sempre por importação da Europa, se funda o primeiro Grande Oriente, vinculado às lojas maçônicas francesas. Em virtude da sua raiz, essa maçonaria brasileira já nasceu embebida da torrente de ideias revolucionárias que sacudiram seu país natal, até a era dos Bonapartes. Havia, por assim dizer, uma diferença de teor político geral entre a maçonaria francesa, mais afeita ao republicanismo, ao federalismo, a todos os tipos de ideias consideradas mais radicais ou vanguardistas, e a maçonaria inglesa, afeita ao liberalismo, mas temperada pelo monarquismo constitucional. A esta última, por exemplo, forçosamente pertencia José Hipólito da Costa, residindo em Londres durante todos os fatos da Independência e procurando influenciar o período joanino em uma direção liberal, sem avançar em sustentar teses rousseaunianas. Já os grupos que atuaram *in loco*, especialmente no Rio de Janeiro, estavam mais conectados à "liberdade, igualdade e fraternidade" dos franceses.

Diferentes autores reputam a loja União, fundada em 1801, como o marco inaugural dessa fase. A maçonaria fluminense, que é a que mais diretamente nos interessa, dada a sua presença ativa nos fatos, é o que importa considerar de agora em diante. Porém, tal como tudo que diz respeito a ela, há escassa bibliografia sobre o assunto, inclusive sobre a vida de sua liderança mais relevante no processo de emancipação, o jornalista e político Joaquim Gonçalves Ledo. A maior parte dos estudiosos do assunto se circunscreve à literatura propriamente maçônica, pouco ficando a cargo de pesquisadores não-pertencentes à ordem. Um dos principais, o único biógrafo dedicado a redigir uma obra inteira sobre a vida e o papel de Ledo, foi justamente um maçom – um dos fundadores da Academia Maçônica de Letras, Nicola Aslan (1906-1980), nascido em Quios, na Grécia. Para ele, Ledo e a maçonaria fluminense são os verdadeiros artífices e feitores da Independência, bem à frente de Andrada, por exemplo. Aslan toma partido da facção maçônica dominante em uma discussão que existiu à época, quando Andrada e Ledo foram aliados circunstanciais e, mais definitivamente, adversários.

A despeito da escassez de informações e da fartura de partidarismos e favoritismos quanto aos personagens que fizeram a emancipação brasileira, é imperioso registrar a participação dos maçons fluminenses no processo. Como se verá, uma série de elementos e recursos empregados se deveu a eles e, particularmente, a Ledo.

A Loja Comércio e Artes se reorganizou em 1821, segundo Aslan em seu *Exposição Histórica da Maçonaria no Brasil.* O motivo era precisamente o receio nativista que já despontava com as agitações liberais do Porto. Manuel Arão, em *História da Maçonaria do Brasil,* situa na reinstalação da loja nomes como o próprio Ledo, mobilizados pela conjuntura política.[88]

Segundo ele, havia "no elemento maçônico os que como o deputado Antônio Carlos, optavam pela emancipação republicana, assim retomando a tradição cuja continuidade fora sufocada em sangue, com o malogro do movimento de 1817. Mas agora era a própria experiência, duramente ganha, era a prudência que se impunha como indeclinável para evitar o comprometimento da causa, que aconselhavam outros excelentes auspícios de vitória"[89]. Sua pesquisa levou a crer que os maçons dessa geração decidiram adotar uma postura menos revolucionária e mais pedagógica, fugindo ao confronto violento com as autoridades e preferindo empregar um esforço de conscientização da sociedade, inclusive através de periódicos. É dessa orientação que surge o *Revérbero Constitucional Fluminense,* jornal fundado por Ledo e Januário da Cunha Barbosa (1780-1846) em 15 de setembro de 1821. Seguramente o mais famoso e expressivo desses veículos, o *Revérbero* sustentou até a vitória o enfrentamento às medidas daquilo que Cairu chamava de "Cabala anti-brasílica" nas Cortes de Lisboa.

Mesmo que cultivassem simpatias republicanas, entenderam que as circunstâncias concretas demandavam a ação de D. Pedro. Arão, em sua pesquisa da maçonaria, encontrou um relato em que se diz que "haviam empregado todos os meios para persuadirem

---

88 VIEIRA, 2001.

89 ARÃO, 1926, v.I, p. 211-212.

o príncipe para que esposasse a causa do Brasil e ficasse entre nós; mas ele, ainda crédulo e voltado à mãe-pátria, estava disposto a partir, e por isso publicou uma proclamação que principiava pelas palavras: Fluminenses, que delírio é o vosso? Continuava chamando o povo à ordem, e declarando que obedeceria ao seu augusto pai e as Cortes constituintes, retirando-se para Portugal". Porém, "por iniciativa de Gonçalves Ledo, a dezembro de 1821 partiu para Minas o maçom Paulo Barbosa da Silva, como emissário para colher assinaturas dos mineiros no manifesto destinado a solicitar a permanência de D. Pedro. No dia 22 de dezembro, outro maçom, Pedro Dias Paes Leme, seguiu para São Paulo, numa viagem mais penosa: do Rio de Janeiro foi a Sepetiba, por terra e de lá, para Santos, de canoa... Redigiu o manifesto dos paulistas, colheu milhares de assinaturas e seguiu para o Rio. Assinara-se a representação, o povo radiava. Fizera-se tudo aquilo no segredo dos clubes"[90]. Os mesmos documentos sugerem que seu propósito geral era manter a liberdade do comércio e o desenvolvimento, obtendo-se a proteção de um governo "que garantisse a liberdade legal dos cidadãos por meio de uma constituição liberal"[91].

Todas as manifestações públicas e documentos encontrados até hoje revelam o alinhamento da maçonaria fluminense ao projeto da monarquia constitucional, com D. Pedro, preservando-se a dignidade do Brasil; o diferencial estava em que os maçons fluminenses alimentavam, por oposição a Bonifácio, anseios mais imediatos por constitucionalismo, que este julgava inadequados ao contexto, ainda não passíveis de aplicação na sociedade. As articulações com esse fim foram estabelecidas com a fundação do Grande Oriente Brasílico, em 28 de maio de 1822 – afastado, por razões relativamente óbvias, do Grande Oriente Lusitano.

As finalidades políticas dos movimentos maçônicos com vistas a alicerçar o projeto do Reino autônomo são notórias quando eles começam a se esforçar por se aproximar, de algum modo, das principais autoridades locais. José Bonifácio recebeu o

---

90 VIEIRA, 2001.
91 VIEIRA, 2001.

título de "grão-mestre" na primeira sessão, mesmo ausente – como aliás não parece ter sido nem um pouco assíduo. Também foi a maçonaria, na figura de José Clemente Pereira, a responsável por sugerir que o príncipe regente recebesse o título de "Protetor e Defensor Perpétuo do Brasil", ao que o futuro imperador respondeu que só não aceitaria a alcunha de "Protetor".

Tarquínio, admirador de Bonifácio, reconheceu que "Gonçalves Ledo, Januário da Cunha Barbosa, José Clemente Pereira, para só citar os mais notáveis", estavam "empenhados sinceramente na causa da emancipação brasileira", embora o ministro Andrada julgasse que eram muitas vezes imprudentes, afobados, precipitados. "Nem sempre seria justo José Bonifácio ao pensar assim", opina o historiador, para quem o grupo maçônico "deu ao movimento da independência uma ajuda das mais consideráveis e representou por vezes as mais profundas aspirações populares"[92].

O problema é que, ao lado das divergências de temperamento e de celeridade nas medidas a serem tomadas, o grupo de Ledo e Bonifácio também disputava prestígio e primazia no projeto junto ao príncipe, em uma confrontação bastante humanamente compreensível no meio da política. Apesar de formalmente dentro da maçonaria brasileira, todos os atos de Bonifácio demonstram que ela não tinha mais que uma importância acessória para ele. A posição que ocupava individualmente no governo, como homem de Estado e de Ciência, lhe parecia muito mais efetiva para atingir seus objetivos de transformação.

O entrechoque mais significativo, antes de o próprio Bonifácio ser intitulado "grão-mestre" em um gesto de conciliação, se deu quando os maçons tentaram apressar a realização da Constituinte, conseguindo seduzir D. Pedro para essa ideia por sua ardorosa intenção de transparecer "liberal" e "constitucional". Bonifácio ali sentiu incômodo com a ascendência que a maçonaria conquistava, acreditando que não seria positivo que ela se impusesse e quisesse dirigir todos os acontecimentos. Sua experiência no co-

---

[92] SOUSA, 2015, p. 162.

ração da Revolução Francesa certamente o influenciou no receio aos contornos potencialmente demagógicos que poderiam vir de uma Constituinte em terreno precoce e não experimentado.

O acordo veio com a aceitação da "eleição indireta" para a Constituinte através do Conselho de Procuradores, dentro de um maior controle institucional do governo monárquico. Através do Conselho, em petição redigida pelo próprio Ledo, declarava-se "que o Brasil queria ser feliz, e para satisfazer esse desejo, que era 'o princípio de toda a sociabilidade bebido na Natureza e na Razão, que são imutáveis', necessitava de um governo que o permitisse", pois "a âncora que poderia segurar a nau do Estado e a cadeia que poderia ligar as províncias aos pés do trono" seria "a convocação da Constituinte". Com grande objetividade, aliás, declarava: "o Brasil tem direitos inauferíveis para estabelecer o seu governo e a sua independência"[93].

Durante a crise de relacionamento, Bonifácio teve o oportunismo de fundar uma sociedade secreta, espécie de réplica da maçonaria, o Apostolado da Nobre Ordem dos Cavaleiros de Santa Cruz, espaço em que teria real dominância. Ele instalou o tal Apostolado cinco dias depois de ser nomeado grão-mestre na maçonaria – um recado explícito da pouca confiança de que o Grande Oriente gozava a seus olhos. Assim como o Grande Oriente se dividia em três lojas (Comércio e Artes na Idade do Ouro, União e Tranquilidade e a Esperança de Niterói), o Apostolado andradino se dividia em três "palestras", denominadas "Independência ou Morte" (familiar não por acaso; a "senha" andradina seria usada no grito do Ipiranga) –, "União e Tranquilidade" e "Firmeza e Lealdade". Ledo e outros maçons, fazendo a boa política, fizeram parte também do Apostolado, como que a fingir não entender a "provocação" de Bonifácio – afinal, fosse como fosse, era também uma instituição criada para defender a autonomia e unidade do Brasil.

---

93 SOUSA, 2015, p. 180.

Outro gesto político relevante da maçonaria foi a iniciação de D. Pedro em 18 de julho, com o título de "Guatimozim". Essa iniciativa de frequentar tais ambientes deixou o príncipe mais suscetível à influência do grupo de Ledo, mas a esse ponto as desinteligências, ambições e intrigas estavam refreadas pelo interesse comum de vencer as Cortes na crise derradeira com Portugal. Também cabe ao grupo maçônico, e diretamente a Ledo, a autoria do primeiro manifesto de D. Pedro em 1º de agosto, rechaçando as pretensões das Cortes. É um dos textos mais fortes e impactantes daquele ciclo de fervor emancipacionista.

A tensão voltou com tudo após a Independência, quando os maçons queriam que o imperador fosse aclamado e prontamente jurasse fidelidade à Constituição antes mesmo que ela fosse feita, tal como os revolucionários do Porto praticamente impuseram a D. João. Bonifácio, que não aceitava o risco, obteve uma vitória quando D. Pedro afirmou que defenderia a pátria, a nação e a Constituição, mas esta última apenas se fosse digna dele. Tarquínio argumentaria que, se aí o grupo de Ledo foi entusiasta da democracia, quando D. Pedro exilou Bonifácio e outros constituintes e outorgou a Constituição de 1824, eles não se mobilizaram para combater tais atitudes. Seja como for, por outro lado, os maçons conseguiram, em 14 de setembro, que o imperador aceitasse o posto de grão-mestre em sua ordem, mesmo sem acatar a cláusula do juramento prévio ao texto constitucional.

Com direito a pressões algo violentas nas ruas de segmentos da população mobilizados pelo Apostolado contra os maçons – que, se tiveram a anuência de Bonifácio, constituiriam um de seus pecados, na avaliação de Tarquínio –, com direito a uma fuga apressada de carruagem de um José Clemente sujo de lama, a aclamação de D. Pedro se deu sem que ele consentisse em jurar aos propósitos maçônicos.

No calor da luta que se seguiu entre os diversos interesses da jovem nação, Bonifácio tomou medidas que não julgaríamos nada admiráveis ou decentes. Uma delas foi a perseguição à maçonaria, conclamando D. Pedro a suspendê-la provisoriamente para conter desordens que ameaçariam o projeto monarquista constitucional. Ferido em seu orgulho e impaciente, ainda na transição para um regime verdadeiramente constitucional, Bonifácio se deixou tomar pela ânsia de controlar os "caluniadores" e "intrigantes", os "anarquistas" que tentavam derrubá-lo e desprestigiá-lo a todo instante. Implantou "medidas repressivas, prisões, deportações, fechamento da maçonaria, abertura de uma devassa para a descoberta dos 'terríveis monstros desorganizadores', dos 'facciosos inimigos da tranquilidade pública, traidores do Império'"[94]. Naquele momento, José Clemente foi exilado e Ledo fugiu para Buenos Aires. Esse episódio que mancha a biografia do nosso pai fundador ficou conhecido como "Bonifácia" e não teve mais que um ano de extensão. O predomínio andradino conseguiu afastar quase totalmente a presença do grupo de Ledo no governo imperial; porém, em 5 de julho de 1823, ainda com o Andrada no poder, muitos indiciados foram absolvidos e em 7 de outubro os membros do grupo de Ledo foram inocentados, retornando este ao Rio em 21 de novembro.

Eles voltariam a ter posições de prestígio durante o Primeiro Reinado, depois da dissolução da Constituinte; a maçonaria, fechada em 22 de outubro de 1822 por ordem do imperador, o "Guatimozim", voltaria a ter papel relevante de bastidores em muitos outros episódios da História nacional.

O HOMEM E AS IDEIAS

Joaquim Gonçalves Ledo nasceu no Rio em 11 de dezembro de 1781, filho do comerciante Antônio Gonçalves Ledo e D. Antônia Maria dos Reis Ledo. Foi enviado a Coimbra, também após demonstrar pendores às tarefas intelectuais, onde se graduou em Direito.

---

94 SOUSA, 2015, p. 215.

Chegando a Portugal em 1795, lá o fluminense se deparou com as atividades maçônicas e a ebulição das ideias liberais e democráticas. Como estudante, teria rejeitado a conclamação de José Bonifácio e do Corpo Acadêmico para resistir militarmente às invasões francesas. Isso porque Ledo já demonstrava profunda impaciência com as restrições ao Reino do Brasil, tendo escrito que não lutaria a favor de Portugal e dos "opressores da sua terra de nascimento" – conforme disse em carta ao irmão Custódio Gonçalves Ledo, em que também antecipava que, "acompanhado de mais amigos", iria "organizar no Brasil a primeira Loja que será o centro da propaganda liberal no Brasil"[95]. Não consta, entretanto, ao menos publicamente, que já quisesse fracionar os países; os textos do *Revérbero* se mantiveram, por muito tempo, ligados à tese da união dos reinos.

Voltando à pátria, Ledo assumiu um emprego na Contadoria do Arsenal de Guerra, amealhando contatos e alianças para realizar seu propósito. Já tinha conquistado a liderança do grupo maçônico quando deu nascimento ao *Revérbero Constitucional* em 1821. Durante seus treze meses de duração, o jornal, com estilo polêmico e entusiasmado, defendia o liberalismo contra o despotismo e rechaçava todas as medidas das Cortes de Lisboa. Ledo sempre se distinguia por sua ojeriza ao que considerava as relações de dominação de Portugal sobre o Brasil e as pretensões "recolonizadoras".

Teria sido, segundo seu principal biógrafo, convencido da necessidade de articular a Independência em torno de D. Pedro em vez de lançar-se a maçonaria a uma aventura republicana. Sua "esclarecida direção" persuadiu os colegas de que "tudo seria muito mais fácil se conseguissem fazer D. Pedro entrar no jogo"[96].

Em 30 de abril de 1822, o *Revérbero* assim se dirigia a D. Pedro:

> *"Príncipe, rasguemos o véu dos mistérios; rompa-se a nuvem, que encobre o Sol, que deve raiar na esfera brasileira;*

---

95 ASLAN, 1947, p. 34-35, tomo I.

96 ASLAN, 1947, p. 137, tomo I.

forme-se o livro que nos deve reger e, sobre as bases já por nós juradas, em grande pompa seja conduzido e depositado sobre as aras do Deus de nosso país. Aí, diante do Altíssimo, que te há de ouvir e punir, se fores traidor, jura defendê-la e guardá-la à custa de teu próprio sangue; jura identificar-te com ela; o Deus dos cristãos, a Constituição brasileira e Pedro, eis os votos de todos os brasileiros. Ó dia de glória, quanto és belo, até mesmo lobrigado por entre as névoas do futuro! Príncipe, só assim baquearão de uma vez os cem dragões que rugem e procuram devorar-nos. Não desprezes a glória de ser o fundador de um novo Império. O Brasil de joelhos te mostra o peito, e nele, gravadas em diamante, o teu nome. Não te assustem os pequenos princípios. Ah! Se visses como é pobre a nascente dos dois gigantes da América, e como depois levam aos mares mais guerra do que tributos! Príncipe, as nações todas têm um momento único, que não torna quando escapa, para estabelecerem os seus governos. O Rubicon passou-se; atrás fica o Inferno; adiante está o templo da imortalidade. Redire sit nefas (O retorno seria nefasto)."[97]

Para o maçom fluminense, as Cortes lisboetas não apenas estavam subjugando as províncias brasileiras, como também se imiscuíam em funções que deveriam caber ao Executivo, como a decisão do local de residência do filho do rei de Portugal.

Já em 20 de maio de 1822, escreveu a *Representação do Povo do Rio de Janeiro*, solicitando a Constituinte e a autonomia do Brasil, que exigia o voto direto. Eis alguns trechos: "O Brasil, portanto, composto de elementos tão diversos dos de Portugal, carece de uma administração própria, de uma legislação bebida na natureza de suas necessidades e circunstâncias, e não de uma legislação versátil, sem base e sem interesse, como são todas aquelas que operam de longe, e debaixo da inspiração de legisladores

---

97 Revisa Trimestral de História e Geografia do Instituto Histórico Geográfico Brasileiro. Imprensa Americana de J. P. da Costa, 1839, p. 14, tomo IV.

parciais, sem adesão ao lugar que legislam, e sem o medo do raio vingador da pública opinião, que daqui não pode feri-los senão frio e sem vigor. (...) A natureza não formou satélites maiores que seus planetas. A América deve pertencer à América, a Europa à Europa, porque não debalde o Grande Arquiteto do Universo meteu entre elas o espaço imenso que as separa. O momento para estabelecer-se um perdurável sistema e ligar todas as partes do nosso grande todo é este. Desprezá-lo é insultar a Divindade, em cujos decretos ele foi marcado e por cuja lei ele apareceu na cadeia do presente. (...) Tu já conheces os bens e os males que te esperam e à tua prosperidade. Queres ou não queres? Resolve, Senhor!".[98]

Insistindo na articulação pela Independência, atuou na concessão do título de Defensor Perpétuo a D. Pedro, na concessão do título de grão-mestre a Bonifácio em um esforço temporário de contemporização, e na concessão deste mesmo último título a D. Pedro. Ledo se esforçou muito em suas colunas em 1822 por sustentar que o povo brasileiro tinha condições de fazer suas próprias leis e se reger a si mesmo.

Em agosto, sintetizava:

> *"Os brasileiros querem ser felizes por um código que, cortando perniciosos abusos, combine a sabedoria do século com a experiência do passado e com as circunstâncias da nossa localidade. O príncipe deseja súditos e não escravos; quer amigos e não vassalos; quer bem assinalados os poderes, que sustentam, como principais colunas o majestoso edifício de uma monarquia constitucional, para que se não reproduzam no Brasil as cenas terríveis que se viram na França, que ainda se observam na Espanha e talvez agora entristeçam Portugal. O mundo espera ver o Brasil entrando na grande família das nações cultas e prosperando à sombra de uma legislação que nem seja indigna*

---

98 ASLAN, 1947, p. 227-236, tomo II.

> *da América, nem contrária às circunstâncias favoráveis em que fomos constituídos quase milagrosamente".*[99]

Na mesma época, Ledo exortava à monarquia constitucional representativa, aliando, a seu ver, as qualidades inquestionáveis da República, centrada na virtude, com a honra característica das monarquias - associações que se assemelham às da obra magna de Montesquieu, *O Espírito das Leis*. Ele também demonstra conhecimento da teoria política aristotélica, ao vociferar contra a "Democracia" ou o democratismo e defender a República, não necessariamente no sentido corrente antimonárquico, mas no conceito daquele filósofo grego, de mescla das qualidades da aristocracia e da democracia. No que parece ser um debate com desafetos como Bonifácio, Ledo rechaça acusações de ser "republicano" ou "radical" e escreve que o desejo de uma Constituinte imediata e de efetivar os princípios liberais não consistiria em um "abstratismo político". Ao contrário, para ele, seria o receio prolongado de implementá-los que abriria brechas aos riscos de uma outra ordem ainda pior, os do despotismo.

A última edição do jornal de Ledo e Clemente Pereira saiu em 8 de outubro, quando afirmaram que, conquistada a Independência, não havia mais motivo para publicá-lo. Depois de ser exilado na "Bonifácia" e retornar ao país, Ledo foi deputado e, ao contrário de seu desafeto Andrada, deu-se bem com pelo menos um dos "liberais moderados", Bernardo Pereira de Vasconcelos, posteriormente ícone da "fundação" dos conservadores do Segundo Reinado, em oposição à Regência do Padre Diogo Feijó. Casou-se em 1833 com D. Ana Carolina de Araújo Ledo e abandonou a política e a maçonaria para se dedicar à agricultura em Fazenda do Sumidouro, em Cachoeiras de Macacu, onde morreu em 19 de maio de 1847 aos 66 anos.

---

99 LEDO, 1822.

OS MANIFESTOS DE AGOSTO[100]

As presenças de Gonçalves Ledo e José Bonifácio se fazem sentir em dois textos que, sob diversos aspectos, podem ser considerados os "testamentos político-teóricos" do movimento de Independência e cujas redações são atribuídas, respectivamente, aos dois personagens: os manifestos de 1º e 6 de agosto de 1822, ambos apresentados em nome do imperador D. Pedro. Ao mesmo tempo em que sugerem diferenças de pensamento, esses autênticos documentos fundantes do Brasil também legam à posteridade o que havia de unidade de vistas no projeto que nos deu origem.

O Manifesto ou Proclamação de 1º de Agosto, que já citamos, tem sua autoria atribuída ao maçom fluminense. O texto repudia a atitude das Cortes de, no ímpeto de reformarem as instituições portuguesas, avançar ao ponto de subjugar também os brasileiros – aí devidamente designados como tais, não apenas como "portugueses do Brasil". O texto, aliás, é dirigido a eles, e não aos estrangeiros, convocando a uma "união do Amazonas até o Prata" sob uma única égide, "Independência" – que se ainda não era declaradamente a completa separação política, era seu mais bem acabado prenúncio.

A Proclamação também evoca a responsabilidade da figura de Pedro para a civilização e pacificação da sociedade brasileira, a fim de que a anomia resultante do fracionamento que se pretendia impor não desse vazão a caóticas beligerâncias. "Se eu fraquejasse na minha resolução, atraiçoava por um lado", ela faz dizer D. Pedro, "minhas sagradas promessas, e por outro quem poderia sobrestar os males da anarquia, a desmembração das suas províncias e os furores da democracia? Que luta porfiosa entre os

---

[100] Todas as citações foram extraídas dos arquivos dos manifestos de 1º e 6 de agosto no site da Câmara Federal, respectivamente: Disponível em <http://www2.camara.leg.br/legin/fed/procla_sn/anterioresa1824/proclamacao-41282--1-agosto-1822-575736-publicacaooriginal-99010-pe.html> e <http://www2.camara.leg.br/legin/fed/manife_sn/anterioresa1824/manifestosemnumero-41437--6-agosto-1822-576171-publicacaooriginal-99440-pe.html>. Acesso em: 13 de maio de 2021.

partidos encarniçados, entre mil sucessivas e encontradas facções? (...) Quem acalmaria tantos partidos dissidentes, quem civilizaria a nossa povoação disseminada e partida por tantos rios, que são mares? Quem iria procurar os nossos índios no centro de suas matas impenetráveis através de montanhas altíssimas e inacessíveis? Decerto, brasileiros, lacerava-se o Brasil; esta grande peça da benéfica natureza, que faz a inveja e a admiração das nações do mundo e as vistas benfazejas da Providência se destruíam, ou, pelo menos, se retardavam por longos anos".

O texto de Ledo enaltece a luta pela Constituição e a "liberdade legal", reivindicando a confiança dos brasileiros nos seus próprios representantes, que deveriam formalizar os elementos constantes dessa carta magna. O aspecto mais relevante da Proclamação, porém, está na lista dos motivos que justificavam o que era quase uma "convocação à guerra" pelos interesses brasileiros: as determinações que se viam surgir nas Cortes lisboetas, bem como as que ainda se queriam propor.

O documento ressalta que, sem aguardar os representantes das províncias americanas, "postergando assim a soberania da maioridade da nação", as Cortes lhe negaram "uma delegação do Poder Executivo, de que tanto precisava para desenvolver todas as forças da sua virilidade, vista a grande distância que o separa de Portugal, deixando-o assim sem leis apropriadas ao seu clima e circunstâncias locais, sem prontos recursos às suas necessidades"; retiraram-lhe, pelo mesmo gesto, um "centro de união e de força para o debilitar, incitando previamente as suas províncias a despegarem-se daquele que já dentro de si tinham felizmente"; impuseram governos instáveis com pelo menos três centros de atividades diferentes, aniquilando a consciência única de Reino, "aluindo assim as bases da sua futura grandeza e prosperidade e só deixando-lhe todos os elementos da desordem e da anarquia"; ocuparam o comando das cidades com "baionetas europeias, comandadas por chefes forasteiros, cruéis e imorais"; sobrecarregaram o Banco do Brasil de dívidas, lançando sobre ele verdadeiras "mãos roubadoras"; desarmaram as fortalezas e despiram os arsenais, deixando os portos brasileiros indefesos e o Tesouro saqueado, proibindo o ingresso de armamentos estrangeiros; apresentaram um projeto de relações comerciais que "monopolizava vossas riquezas, fechava vossos portos aos estrangeiros, e assim destruía a vossa agricultura e indústria, e reduzia os habitantes do Brasil outra vez ao estado de pupilos e colonos"; e, finalmente, acolheram e trataram com escárnio os representantes do Brasil que chegaram para lutar pelos seus direitos.

Há um detalhe no documento de Ledo, porém, que não é tão lisonjeiro. O texto se queixa de que os portugueses ameaçaram os brasileiros "com libertar a escravatura e armar seus braços contra seus próprios senhores". Do discurso de alguns liberais portugueses em sentido favorável à extinção da escravatura, Ledo deduziu a abolição como um mal terrível, sinalizando para a elite escravocrata com um argumento pela independência que lhe seria particularmente sensível.

Nesse sentido, o Manifesto de 6 de Agosto, mais longo e atribuído ao velho Andrada, desfruta hoje, pelas lentes do presente histórico, de indiscutível vantagem, pois, por razões óbvias – Bonifácio queria o fim da escravidão –, não inclui a ameaça da libertação dos escravos entre os motivos para desafiar os portugueses, embora também sugira o uso desses escravos como braço armado contra seus senhores ao mencionar o exemplo da revolução no Haiti, como veremos mais adiante.

Esse segundo documento já difere do primeiro porque não se dirige aos próprios compatriotas, mas às outras nações. A ideia é explicar para os países amigos os motivos para assumir a posição de enfrentamento às Cortes, não explicar aos próprios brasileiros porque eles deveriam lutar.

O texto começa com uma releitura bastante negativa dos séculos de domínio português, desde os tempos em que "por um acaso se apresentara pela primeira vez esta rica e vasta região brasílica aos olhos do venturoso Cabral". O texto ressalta as leis que restringiam o desenvolvimento industrial, os monopólios inflexíveis, os impostos onerosos, retratando Portugal como mesquinho, tirânico e faminto por manter seu prestígio e poder às custas do Brasil, opressão a que sobrevivemos pelos nossos próprios valores e forças.

É evidente que muitos dirão ter havido um robusto "exagero de tintas" nessas linhas, mas convém levar em conta as finalidades do texto em sua ocasião histórica, redigido justamente para defender perante juízos estranhos uma medida "revolucionária" – ainda que se tratasse de uma "revolução conservadora", como por vezes se diz da Revolução Americana. Não se poderia esperar muita moderação em um texto surgido nessas circunstâncias e com tais propósitos. Não descartaríamos a hipótese de que os aborrecimentos de Bonifácio em seus anos em Portugal, sempre querendo mais e melhor e esbarrando em limitações que lhe pareciam insuportáveis, tenham ainda influenciado no tom.

O documento enfatiza que, a despeito de todas essas injustiças, o Brasil acolheu D. João e sua "Corte desregrada", em júbilo, contribuindo inclusive financeiramente para os esforços de guerra portugueses contra os invasores franceses. "E que ganhou o Brasil em paga de tantos sacrifícios?", pergunta o Manifesto. "A continuação dos velhos abusos e o acréscimo de novos, introduzidos, parte pela imperícia e parte pela imoralidade e pelo crime. Tais desgraças clamavam altamente por uma pronta reforma de governo, para a qual o habilitavam o acréscimo de luzes e os seus inauferíveis direitos como homens que formavam a porção maior e mais rica da nação portuguesa, favorecidos pela natureza na sua posição geográfica e central no meio do globo, nos seus vastos portos e enseadas, e nas riquezas naturais do seu solo; porém, sentimentos de lealdade excessiva e um extremado amor para com seus irmãos de Portugal embargaram seus queixumes, sopearam sua vontade e fizeram ceder esta palma gloriosa a seus pais e irmãos da Europa".

Nota-se que a abordagem é sempre de mostrar como os portugueses estavam sendo injustos com a generosidade e resignação dos brasileiros. Verificam-se também expressões de enaltecimento de nossas riquezas e grandiosidade naturais, uma constante no Brasil até os dias de hoje.

O texto prossegue afirmando que os brasileiros foram surpreendidos em sua pureza de intenções pelos "ingratos" que os abandonaram em seus interesses, atraiçoando-os vilmente em suas esperanças e direitos. A verdadeira intenção das Cortes seria restabelecer o poderio colonial, acreditando que, sem esmagar o Brasil, Portugal não poderia ser rico e poderoso – verdade que o respeito quase nulo conferido aos representantes brasileiros enviados às Cortes atestaria.

Se eram boas as promessas de "luzes e liberalismo" e "regeneração política", ficou difícil para os brasileiros a percepção das intenções rapaces que se ocultavam por trás disso. Em nome de D. Pedro, o texto também defende D. João, de quem tais intenções não poderiam partir, já que havia feito tanto bem ao Brasil no período joanino.

Os brasileiros não poderiam admitir que as Cortes deliberassem sobre questões de seu mais alto interesse "sem a audiência sequer de dois terços dos seus representantes". Igualmente não poderiam admitir governos como o da junta que passou a vigorar na Bahia, em atendimento às vontades das Cortes, "para despedaçar o sagrado nó que ligava todas as províncias do Brasil". A justificativa para isso seria uma só: "o Brasil não devia mais ser Reino; devia descer do trono da sua categoria; despojar-se do manto real de Sua Majestade, depor a Coroa e o Cetro e retroceder na ordem política do Universo, para receber novos ferros, e humilhar-se como escravo perante Portugal".

Mais ainda, as Cortes "autorizam e estabelecem governos provinciais anárquicos e independentes uns dos outros, mas sujeitos a Portugal. Rompem a responsabilidade e harmonia mútua entre os poderes Civil, Militar e Financeiro, sem deixarem aos povos outro recurso a seus males inevitáveis senão através do oceano – recurso inútil e ludibrioso". Sabendo que o Brasil "estava esmagado pela imensa dívida do Tesouro ao seu Banco Nacional e que se este viesse a falir, decerto inúmeras famílias ficariam arruinadas ou reduzidas a total indigência", os portugueses preferiam piorar a situação, procurando retirar dos brasileiros "as sobras das rendas provinciais, que deviam entrar no seu Tesouro Público e Central". Exigiam, em "fatais decretos", a ida de D. Pedro para a Europa e a "extinção total dos Tribunais do Rio de Janeiro".

"Nenhum governo justo, nenhuma nação civilizada deixará de compreender que, privado o Brasil de um Poder Executivo, que extintos os Tribunais necessários – e obrigado a ir mendigar a Portugal através de delongas e perigos as graças e a justiça; que chamadas a Lisboa as sobras das rendas das suas províncias, que aniquilada a sua categoria de Reino e que dominado este pelas baionetas que de Portugal mandasse, só restava ao Brasil ser riscado para sempre do número das nações e povos livres, ficando outra vez reduzido ao antigo estado colonial e de comércio exclusivo". Seria isso ou reagir. Portanto, não seria mais possível que o Brasil lançasse "um véu de eterno esquecimento sobre tantos insultos e atrocidades; nem é igualmente possível que ele possa jamais ter confiança nas Cortes de Lisboa, vendo-se a cada passo ludibriado, já dilacerado por uma guerra civil começada por essa iníqua gente, e até ameaçado com as cenas horrorosas de Haiti, que nossos furiosos inimigos muito desejam reviver".

O texto acusa Portugal de introduzir subversivos e agentes de cizânia no Brasil e de proibir a importação de armamentos. Reivindicando o respeito e reconhecimento dos povos amigos, sacramenta:

> *"Colocado pela Providência no meio deste vastíssimo e abençoado país como herdeiro e legítimo delegado d'El Rei Meu Augusto Pai, é a primeira das Minhas obrigações, não só zelar o bem dos povos brasileiros, mas igualmente os de toda a nação, que um dia devo governar. Para cumprir estes deveres sagrados, anuí aos votos das províncias que Me pediram não as abandonasse; e desejando acertar em todas as Minhas resoluções, consultei a opinião pública dos Meus súditos e fiz nomear e convocar procuradores gerais de todas as províncias para Me aconselharem nos negócios de Estado e da sua comum utilidade. Depois, para lhes dar uma nova prova da Minha sinceridade e amor, aceitei o título e encargos de Defensor Perpétuo*

deste Reino, que os povos me conferiram; e finalmente vendo a urgência dos acontecimentos e ouvindo os votos gerais do Brasil, que queria ser salvo, mandei colocar uma Assembleia Constituinte e Legislativa que trabalhasse a bem da sua sólida felicidade".

4. PEDRO DE ALCÂNTARA, O PRÍNCIPE DAS "NOVAS IDEIAS"

O ADVENTO DO PRIMEIRO IMPERADOR

Toda a obra dos arquitetos vencedores da emancipação estava na dependência inafastável de um elemento fulcral: o imperador. A Coroa dos Bragança, a própria liderança do processo sendo simbólica e praticamente depositada nas mãos de um continuador dinástico, foi um fator definitivo para que o Brasil se emancipasse da maneira por que se emancipou e se permitisse constituir como um país único.

Por outro lado, a figura de D. Pedro é, também ela, motivo de caricaturas e desprestígios que merecem alguma reavaliação. Um dos motivos para isso é que, se Bonifácio era santista, Cairu era baiano e Gonçalves Ledo era fluminense, o jovem e voluntarioso príncipe Pedro de Alcântara era um autêntico português de Portugal, nascido no Palácio Nacional de Queluz em Sintra, um distrito de Lisboa, em 1798.

Sua origem firmemente lusitana, ainda que tivesse apenas nove anos quando sua família partiu para aportar ao nosso país, foi uma das causas de afastamentos e tensões que tumultuaram seu reinado até um impasse definitivo. Algumas de suas atitudes, não apenas políticas como pessoais, seriam, sem sombra de dúvidas, merecedoras de censura e rechaço; sua personalidade fogosa e algo destemperada o levou a dispensar tratamentos injustos e incompatibilizar-se com aqueles que governava.

Por outro lado, seu berço no Velho Mundo não pode deixar de ser considerado um traço importante a seu favor. De todos os nossos pais fundadores, o imperador em si mesmo deverá ter sido aquele que fez a escolha mais difícil. Se para a maioria a pátria era Portugal, mas em sua extensão americana, e a separação valeria para preservá-la em sua dignidade recém-conquistada, ainda que se separando politicamente do antigo povo que lhe deu origem, para ele era mesmo uma escolha entre a pátria de berço e a de adoção e criação – e a de berço era Portugal, não o Brasil.

Era uma escolha que o afastaria da Coroa de sua terra de nascimento, mas proporcionaria a oportunidade de, como era de seu feitio, realizar grandes coisas. Era uma opção entre a periclitante preservação do imenso reino de seu pai e a chance de ser o criador formal de um grande e novo império – e, ao fim das contas, ele nos escolheu.

Pedro de Alcântara Francisco Antônio João Carlos Xavier de Paula Miguel Rafael Joaquim José Gonzaga Pascoal Cipriano Serafim de Bragança e Bourbon era filho de D. João e D. Carlota Joaquina (1775-1830), filha do rei Carlos IV de Espanha (1748-1819). Viveu uma infância de mais contato com os serviçais do castelo que com a própria família. Crescendo sob uma avó já afastada do trono pela enfermidade mental e um pai que não ficou conhecido por lances de força ou glória, o ímpeto que desde cedo parece tê-lo dominado foi em direção distinta.

Talhava-se um homem impulsivo, muito diferente do caráter de prudência e cálculo com que D. João mais se distinguiu, mas bastante mais apropriado para promover grandes rupturas e vigorosos acontecimentos. Um homem que viria a ser, sobretudo, um monarca atípico, disposto a uma conversa direta com as "ideias novas" do constitucionalismo liberal, ainda que sua personalidade e suas ideias nem sempre se ajustassem de maneira confortável.

Com a morte do irmão D. Antônio (1795-1801) ainda criança, o pequeno Pedro ganhou o título de príncipe da beira, alcunha que desde 1734 era atribuída ao sucessor presumido da monarquia portuguesa – muito embora, também em seu caso, ele nunca tenha se tornado rei, mas não por morrer na infância, e sim, por óbvio, porque decidiu ser o imperador do Brasil.

A educação do príncipe em letras começou cedo, aos cinco anos e oito meses, com professores de origem religiosa. Transladado para o Brasil junto com toda a família, o D. Pedro criança já convivia com a expectativa paterna, depois realizada por ele próprio, de dar andamento aos antigos planos de desenvolvimento de um império tropical, pela força do empurrãozinho das circunstâncias provocado por Napoleão. Convivia também com a infelicidade de seus pais no matrimônio – D. João e D. Carlota nunca conseguiram se entender bem.

Na longa viagem para o Brasil, a bordo da nau "Príncipe Real", diferentes biógrafos relatam que, já iniciado no latim, tinha por leitura predileta a *Eneida* de Virgílio (70 a.C–19 a.C.). O poema é a saga de um troiano resgatado da derrota para os gregos que, depois de uma jornada, chega à Península Itálica, onde teria a aventura final de ser o ancestral dos romanos. Percebesse ou não, era uma situação bastante análoga ao que o destino estava reservando para ele, embora, de algum modo, Pedro tenha ido além, posto que regressou à terra de origem para sua última batalha – algo que registraremos mais adiante.

Sua maior influência era o frei Antônio de Arrábida (1771-1850), padre franciscano e botânico que lhe serviu de mentor e a quem jamais deixou de respeitar e estimar. Em posição similar estava sua aia, Maria Genoveva do Rêgo e Matos, que se incumbiu também de educá-lo e lhe deu o que teve de carinho materno, já que sempre sentiu muito a maneira desinteligente por que sua mãe tratava seu pai.

Enquanto Bonifácio e um grupo de acadêmicos se juntavam à resistência contra os invasores franceses, que ao final se revelaram incapazes da conquista definitiva de Portugal, Pedro e sua família se habituavam à nova terra, onde a Família Real transitou por várias residências, do Paço Imperial à Ilha do Governador, no Rio de Janeiro. Na década de 1810, a criança real desenvolveu seus gostos e interesses no contato com a natureza, a vida rústica, o povo simples e até os escravos. Treinava equitação, apreciava bastante a arte da música, a feitura da mobília e o artesanato. Ao mesmo tempo em que, a seu modo, tal como o pai, se afeiçoava ao estilo de vida e à gente da América lusa, fazendo com que bem mais tarde o escritor e dramaturgo pernambucano Ariano Suassuna (1927-2014) o apontasse como o imperador mais parecido com o nosso povo que tivemos, sofria de crises epiléticas, que acompanharam o príncipe da beira durante toda a sua vida, e se iniciou precocemente nos interesses do sexo.

Otávio Tarquínio dá muito destaque ao fato de que Pedro preservava "uma alegria desordeira, uma incoercível necessidade de fazer sempre alguma coisa, de não parar, de agitar-se"[101]. Como acabamos de falar em seus "interesses do sexo", não há negar que, nesse campo, sua atividade foi desbragada e não conhecia muitas restrições. Todos os tipos de mulheres atraíam a sua cobiça, tendo sido o primeiro caso notório com uma dançarina francesa chamada Noemi Thierry, com quem teve a primeira relação conhecida que parece ter sido algo mais que um passatempo. O príncipe teve um filho com ela, mas se viu forçado a afastar-se e deixá-la partir para Pernambuco, (onde se registra que a criança não resistiu), porque a Família Real começou os preparativos para um casamento dinástico, que uniria a Casa dos Bragança à nobreza austríaca.

A união era politicamente essencial para os interesses portugueses, porque o Império Austríaco era uma das principais potências europeias da época e personificava os valores e propósitos da Santa Aliança. A união entre D. Pedro e sua esposa, a jovem arquiduquesa e filha do imperador Francisco I da Áustria (1768-1835), D. Carolina Josefa Leopoldina (sobre quem falaremos mais em seu capítulo próprio), era, como de praxe nas antigas monarquias, mais do que uma união entre duas pessoas, uma articulação estratégica entre duas realezas tradicionais, também uma forma que D. João enxergava de escapar um pouco da influência britânica, conseguindo outro forte aliado.

Sabe-se que uma das demandas do príncipe Pedro, porém, nada tinha a ver com geopolítica: ele queria que sua esposa tives-

---

[101] SOUSA, 2015, p. 90.

se "beleza". Com o casamento já oficializado diplomaticamente, por procuração, em 13 de maio de 1817, o príncipe, um jovem de dezenove anos, e a arquiduquesa, aos vinte, só viriam a se encontrar pessoalmente em 6 de novembro, quando ela desembarcou no Brasil, onde passaria o resto de sua curta vida.

Se o casamento não foi exatamente um Paraíso de fidelidade, D. Pedro tem a fama de ter sido um pai ardoroso, interessado ao extremo no bem-estar e sucesso de seus filhos. O que por ora nos interessa é que Tarquínio observa um estranhamento relevante, de início, entre o príncipe e a esposa: o seu distanciamento do modo de pensar da Santa Aliança.

> *"Nos choques que culminaram na Revolução Francesa e nas guerras napoleônicas, surpreendia-se dando razão aos que clamavam pelos direitos do homem, preferindo inexplicavelmente a vitória do corso. Não ousaria confessar à mulher tudo o que pensava e sentia a respeito. E nem seriam ideias claramente formuladas ou sentimentos firmados em base sólida. Eram antes anseios confusos, meras simpatias cujo fundamento não saberia demonstrar"*[102].

Sob os olhos indulgentes da esposa, espírito educado no tradicionalismo absolutista dos Habsburgo, Pedro já estava, embora ainda de canto de olho, a ler obras como as do pensador liberal francês Benjamin Constant e do napolitano Caetano Filangieri (1753-1788), este último tendo tido o trabalho publicado em uma edição comentada por aquele. Filangieri defendia que os velhos princípios feudais europeus eram responsáveis pela miséria na Europa, com o esbanjamento do luxo das aristocracias e nobrezas em detrimento do grosso da população, e o ideal para remediar isso seria uma "revolução ordenada", provocada pelas próprias autoridades, de modo a abrandar as leis e estabelecer a justiça. O príncipe também foi leitor de Edmund Burke, assim como o

---

[102] SOUSA, 2015, p. 115.

visconde de Cairu. No entanto, ao que parece, sua formação intelectual não foi o traço mais profundo de seu ser.

É, ao menos, o que se depreende ao ler Tarquínio definir assim o seu gênio: "Faltavam-lhe a ordem, a direção, o aproveitamento que uma educação bem orientada proporciona. Crescera antes como uma planta que prescinde de cuidados de cultivador e ostenta a sua pujança natural. Desenvolvera-se obediente mais aos móveis profundos da sua índole do que às normas artificiais de qualquer pedagogo. Como uma força bruta. Desta teria por vezes os impulsos cegos, os arremessos bravios. Se sofreu da ausência de qualquer sistema ou de uma disciplina conscientemente observada, guardou o timbre de sua inconfundível personalidade. A quem o observasse com caturrice de mestre-escola pareceria um ignorantão. Na verdade não era o que se chama ordinariamente um homem culto. Nada aprendera além do que lhe tocava a curiosidade. Mas nele a curiosidade tinha o poder repentino de uma centelha que iluminava o objeto sujeito ao seu exame. Via para logo claro, penetrava subitamente o assunto que o interessava. Por isso, sem frequentar escolas especializadas, pôde ser um soldado a comandar tropa, na paz e na guerra, com segurança e maestria. E para isso não lhe bastava a bravura de que tão grandes provas deixariam: assistia-o a intuição a valer-se de exemplos colhidos em rápido manuseio de poucos livros e em narrativas escritas e orais. Ao contrário do pai, cujo horror a tomar decisões levava-o a adiá-las e contorná-las o mais possível, possuía o gosto, a volúpia do mando. Nascera para ser chefe, para governar, para ser obedecido, e com este feitio iriam entrar depois em conflito as ideias políticas de seu tempo, que esposaria com entusiasmo. Daí o futuro monarca constitucional, que desamaria a ação e até o conselho de seus ministros, que não se habituaria à crítica do Parlamento e da imprensa"[103].

---

[103] SOUSA, 2015, p. 124.

Apesar da psicologia de liderança, da índole voltada ao poder, do desejo de dar ordens e vê-las obedecidas prontamente, do anseio por ser rei como o pai, D. Pedro tinha, ao mesmo tempo, a lucidez de perceber com clareza que as instituições monárquicas antigas não poderiam subsistir no século XIX exatamente da mesma maneira com que chegaram até ele. O reino – à época, ainda o português, depois o Império brasileiro – precisaria ser algo que nem fosse a abolição completa da tradição e das instituições existentes, isto é, nem algo que aniquilasse completamente o seu poder e a posição de sua família, mas também não algo que se mantivesse aferrado a um passado superado e irresgatável. Seria nos autores liberais da linha mais conservadora e conciliadora, a exemplo de Constant, e, mais tarde, na adaptação à brasileira que fez do Poder Moderador, como veremos, que encontraria o que julgou a chave para a concretização de seus desejos.

O vértice liberal do seu pensamento, às vésperas da Revolução do Porto, era, porém, o que incomodava algumas das figuras políticas mais expressivas da Corte de seu pai, desejosas de deixá-lo de fora dos assuntos de Estado, mesmo sabendo que, por direito, a Coroa um dia deveria cair sobre sua cabeça. Em 1820, a convulsão tomou Portugal, mas ainda não se sabia do caráter antibrasileiro que a Revolução assumiria quando as Cortes se instalassem. À primeira vista, eram apenas as "ideias novas", as "ideias do tempo", com as quais o jovem Pedro queria dialogar, que para ele eram inevitáveis e ao lado das quais, em alguma medida, os líderes e vencedores precisavam estar, que irrompiam na velha civilização lusitana.

No entanto, logo nos primeiros episódios da trama, os revolucionários liberais queriam o retorno da Família Real, algo que D. João não queria conceder. Embora nos primeiros momentos, como de praxe, D. Pedro tivesse sido mantido basicamente alheio ao rumo dos acontecimentos, cogitou-se em janeiro a alternativa de enviá-lo a Portugal em lugar do rei para negociar e ouvir queixas – porém, sem consentir imediatamente em atender às reivindicações de Constituição ou liberalismo. Naquele momento, eivado de pudores, D. João estava dando mais ouvidos aos conselheiros que pretendiam preservar a autoridade monárquica nos mesmos velhos moldes em que sempre havia funcionado.

Apesar de adaptado ao Brasil, há evidências documentais de que o príncipe da beira queria ir para Portugal. O motivo não é difícil de inferir da descrição que Tarquínio faz de sua personalidade: era uma brecha inédita que encontrava nas deliberações e pretensões dos burocratas da Corte para alcançar uma posição de liderança. Sua sede de protagonismo e de mando poderia se realizar, quem sabe, nessa inédita missão junto aos revolucionários liberais.

A perspectiva de sua ida, combatida pela esposa, nunca se confirmou, e o príncipe se mostrava dividido entre seus apegos tradicionais e seu moderado constitucionalismo. "Lei nenhuma tem vigor, sem ser proposta pelo rei, em Cortes, as quais devem ser consultivas, quer dizer terem o direito de discutirem a proposta Real a qual depois, decidida pela pluralidade dos votos, será sancionada pelo rei"[104], pensava à época.

Da mesma forma, quando as Cortes se reuniram, impondo-se tal situação através do triunfo revolucionário, com o fito de estabelecer uma nova Constituição, D. Pedro se manifestou ao pai sempre de molde a querer preservar prerrogativas do rei, recusando sua submissão prévia ao que ditassem os constituintes. Isso ilustra as contradições do tempo que, malgrado a coragem e a disposição à grandeza, vigiam na cabeça do jovem Alcântara. Monarquia conjugada à Constituição, sim; mas, nas circunstâncias concretas, ele sempre queria que o rei tivesse a iniciativa e a atribuição de impor os alicerces sobre os quais a discussão e a votação seriam realizadas.

Quando sobreveio o decreto de 18 de fevereiro, exigindo a ida do príncipe a Portugal para servir de intermediário entre o rei e as Cortes, os ecos no Brasil se dividiram entre os simpáticos ao vento liberal e os que principiaram a pressentir os riscos ao Reino Unido que o movimento constitucionalista poderia repre-

---

104 SOUSA, 2015, p. 161.

sentar na prática. O diplomata conde de Palmela, a essa altura, defendia uma solução moderadora, com o monarca enviando aos constituintes bases estabelecidas da Constituição, para que a discussão se travasse sem ultrapassar essas bases, preservadoras da institucionalidade monárquica.

Porém, a chegada de militares em 26 de fevereiro de 1821, com o propósito de constranger ao cumprimento de todas as etapas do processo dentro das vontades das Cortes constituintes, prevenindo qualquer iniciativa brasileira, apressou a deterioração das relações e enfraqueceu sobremaneira essa possibilidade. O rei decretou que o Brasil aceitaria a Constituição da maneira que Portugal a sistematizasse, ressalvadas algumas especificidades locais. Nesse momento, D. Pedro, embora sem muita energia, iniciou a trajetória que faria dele um líder brasileiro, ao pontuar que os brasileiros, em não tendo sido feita ainda a Constituição portuguesa, deveriam ter o direito de fazer a sua própria através das Câmaras Municipais. Não obstante, no processo de diálogo com as tropas, cujas rédeas foram assumidas pelo príncipe, suas inclinações mais liberais se devem ter feito sentir, o que provocou alguma desconfiança de D. João no próprio filho – desconfiança de que Palmela se esforçou por dissuadi-lo.

Se não pudera dar vazão a seus anseios de grandeza, liderança e de se tornar campeão das "ideias novas" indo a Portugal, D. Pedro queria fazê-lo ali, o que naturalmente provocaria ciúmes e hesitações perante a sua figura. Por outro lado, inclusive com o incentivo de Silvestre Pinheiro Ferreira, a presença de D. Pedro na discussão dos negócios públicos, em virtude da proeminência espontânea que demonstrou a partir da posição especial de suas ideias entre a predominância dos ditames do passado e o alvorecer das limitações constitucionais, foi cada vez mais admitida. Seus maiores problemas eram com o poderoso ministro Tomás António de Vila Nova Portugal (1755-1839), marcadamente hostil aos revolucionários, que tinha posição oposta à de D. Pedro e à de Palmela.

Pedro, por enquanto, estava feliz com o lugar que o destino lhe havia reservado: "Chegou finalmente o grande dia 26 de fevereiro, em que tive a felicidade de servir de medianeiro entre Meu Pai e a nação e de me constituírem regenerador da pátria, cargo que para mim merecerá eterna lembrança e me obrigará sempre a concorrer diretamente para felicitar a nação dos heróis, à qual eu tenho a glória de pertencer", nação que, evidentemente, ainda era a portuguesa.

Em 2 de março, decretou-se uma atenuada liberdade de imprensa e, em 7 de março, a ida de D. João para Portugal, incumbindo D. Pedro do governo provisório do Brasil e determinando a eleição de deputados brasileiros para tomarem parte nas Cortes de Lisboa, cuja escolha se daria dentro das regras determinadas pela Constituição Espanhola, modelo adotado pelos revolucionários portugueses. A contragosto, triste, o rei tinha que regressar; já D. Pedro, autorizado por ora a ficar, a despeito da empolgação pela possibilidade de assumir a regência da maior parte do império português, ainda sinalizava interesse de ir ao encontro do pai.

Comunicou publicamente que ficava no Brasil "até pôr a Constituição em marcha e em exata observância", para depois entregar-se "aos braços da minha amiga nação, para ter parte com ela em todas as suas desgraças ou felicidades, pois me não quero rir quando ela chorar, que eu penso (e penso bem) que o soberano e a nação constituem um só corpo, no qual, em o mal atacando uma parte, o todo deve sentir, por amor e por uma recíproca gratidão, que entre ambos deve haver"[105]. Mais uma vez, o pensamento de D. Pedro está sob o signo do meio: nem tanto ao céu, nem tanto à Terra; que se mantivessem prerrogativas próprias do rei, do soberano, mas que ele se identificasse, em alguma medida, à nacionalidade, que se relaciona à representatividade moderna.

Ao partir, o rei deixou sob os auspícios do príncipe todos os poderes para administração da Justiça, da Fazenda e da economia, a atribuição de perdoar as eventuais penas de morte, resolver as consultas, prover os cargos civis e militares e a maioria dos religiosos – exceto os bispados, tomando suas decisões em

---

105 SOUSA, 2015, p. 196.

Conselho formado por dois ministros e dois secretários. Mais do que isso, porém, deixou uma advertência que ficou para a História: "Pedro, se o Brasil se separar, antes seja para ti, que hás de me respeitar, do que para algum desses aventureiros"[106]. Percebendo as movimentações de agitadores e o compasso de espera em que entravam as relações entre Brasil e Portugal depois do turbilhão revolucionário, D. João, embora decerto cioso da manutenção do Reino Unido, em seu realismo, introduziu, nessa única frase, a filosofia por trás do processo de emancipação. Se não restasse alternativa a não ser a separação, ele já pensava, que então ela se desse em torno da figura de um Bragança, e não totalmente conduzida por rebeldes que colocariam em xeque a própria unidade do reino americano.

Entre as primeiras medidas do príncipe como regente, estiveram a isenção de vários impostos para aumentar a produtividade da agricultura e do comércio, um reforço na sacralidade do direito de propriedade e uma série de regras que protegeriam o cidadão de prisões arbitrárias e facultariam universalmente o direito de defesa. Procurando dar o exemplo da mentalidade que pretendia implementar, D. Pedro cortou também gastos de sua família.

Naqueles meados de 1821, fracionavam-se os interesses entre comerciantes portugueses no Brasil, desejosos de manter a ligação entre os reinos, militares portugueses que queriam voltar para casa e liberais brasileiros, sedentos pela garantia definitiva de que desfrutariam dos mesmos direitos dos irmãos portugueses. Nesse cenário de dúvidas, a delegação brasileira se dirigiu às Cortes Constituintes, onde teria sua malograda participação. Ao mesmo tempo, Juntas Governativas foram se formando, em especial na Bahia, Pará e Maranhão, ligadas aos interesses portugueses, rechaçando a autoridade do Rio e preferindo reconhecer a autoridade de Lisboa. As famigeradas movimentações nas Cortes por medidas que subjugassem o Brasil se encaminhavam

106 SOUSA, 2015, p. 242.

ao seu ápice, partindo do reconhecimento de mérito na rebeldia das províncias que rejeitavam a posição política de D. Pedro.

Se o príncipe regente sentia seus movimentos acuados e se incomodava com a restrição de seu prestígio e poder, as correntes de opinião no Brasil também estavam se conformando ao caminho, antes recebido com hesitação, da ruptura total e definitiva. Um clima de comoção estava se criando, e, conforme Tarquínio registra, os partidários da Independência já faziam versos como este, afixados nas esquinas:

"Para ser de glórias farto,
Inda que não fosse herdeiro,
Seja já Pedro Primeiro
Se algum dia há de ser quarto.
Não é preciso algum parto
De bernarda atroador;
Seja nosso Imperador
Com governo liberal
De Cortes, franco e leal
Mas nunca Nosso Senhor".

A fórmula estava com seus contornos definidos já então, com monarquia constitucional, imperador, câmaras e voto. A solução de Benjamin Constant, a solução inglesa. Ainda não havia chegado, porém, seu momento de maturidade, muito menos no coração do único que não poderia dispensar para ser efetivada: o próprio príncipe. D. Pedro ainda se tomava de pudores, perante o pleito difusamente formulado e sem clareza nos meios materiais de execução, jurando sua fidelidade à Religião, ao Rei e à Constituição – dos portugueses.

Isso não significava falta de solidariedade com os anseios dos brasileiros; ao contrário. D. Pedro deixava claro, mantendo contato com seu pai, que os povos do Brasil queriam tratamento equânime, que não se poderia limitar a direitos individuais, mas também deveria englobar a organização administrativa e política. As Cortes deveriam ser responsáveis, tendo ciência do furor que o momento provocava. Fosse de outro modo e o próprio príncipe receava o papel que a História forçosamente lhe determinaria.

Em 9 de dezembro de 1821, chegou ao Rio uma correspondência gravíssima, datada de 26 de outubro, contendo tudo aquilo que os brasileiros temiam. O Brasil não seria mais um reino único e D. Pedro deveria aceitar os fatos e partir ao encontro de seu pai. Todas as questões militares, de economia e de Justiça, e esse era o pior, ficavam subordinadas a Lisboa! Para o orgulho do príncipe, havia ainda uma determinação afrontosa de que ele deveria viajar por outros países da Europa, sob a tutela de preceptores, para aprender o que deveria aprender um futuro rei. De regente do imenso e poderoso reino do Brasil, queriam que Pedro se tornasse um aluno viajante. Isso não deve tê-lo deixado nada menos que desgostoso.

Ainda assim, D. Pedro considerava atender às ordens das Cortes. Os brasileiros se mobilizaram para recolher assinaturas e clamar que ficasse. Em carta de 14 de dezembro, vemos o príncipe dizer ao pai: "Dou parte a Vossa Majestade que a publicação dos decretos fez um choque mui grande nos brasileiros e em muitos europeus aqui estabelecidos, a ponto de dizerem nas ruas: Se a Constituição é fazer-nos mal, leve o diabo tal coisa, havemos fazer um termo para o príncipe não sair sob pena de ficar responsável pela perda do Brasil para Portugal, e queremos ficar responsáveis por ele não cumprir os dois decretos publicados; havemos fazer representações junto com São Paulo e Minas e todas as outras províncias que puderem"[107]. O tom era de queixa, mas também de compromisso; D. Pedro estava advertindo o pai de que, embora ferido em sua honra e em seu orgulho, se submeteria às exigências das Cortes, se, e apenas se, isso não fizesse com que sangue brasileiro e português fosse vertido.

No dia seguinte, D. Pedro já dizia em nova carta que os brasileiros demandavam sua permanência sob a ameaça de declararem por si mesmos a independência, desfazendo o sonho, a essa

---

107 SOUSA, 2015, p. 300.

altura já quase morto, da conciliação. O príncipe se esforçou por demonstrar sua deferência ao pai, à Coroa portuguesa e ao movimento constitucional, mas a pressão dos brasileiros já era imensa, em um movimento praticamente sem precedentes. O Rio conseguiu a adesão de São Paulo e Minas, províncias que podiam ser consultadas dentro do prazo de urgência que se impunha. Unidos estavam os maçons fluminenses, os Andradas, todos quantos se recusavam a aceitar a infâmia das Cortes.

No dia 9 de janeiro de 1822, vinha a notícia do "desafio revolucionário" às Cortes: o Fico. No dia 10 é que D. Pedro teria acrescentado as emblemáticas palavras: "Como é para bem de todos e felicidade geral da nação, estou pronto; diga ao povo que fico". Logo depois, D. Pedro teve que debelar as ações da Divisão Auxiliadora, comandada pelo general Jorge de Avilez (1785-1845), em um motim que ameaçava a tranquilidade dos fluminenses. Felizmente, foi possível impedir o derramamento de sangue.

Em seguida, em gesto que ratificava a direção para que iam suas opiniões, o príncipe nomeou José Bonifácio seu ministro. O velho Andrada a princípio queria se recusar a aceitar, mas consentiu com a exigência de que o príncipe se comprometesse a não abandonar o Brasil, acontecesse o que acontecesse. Nesse meio tempo, como pai zeloso que era, D. Pedro sofreu uma das maiores dores de sua vida: a morte do pequeno filho, João Carlos (1821-1822), em 3 de fevereiro, antes de sequer completar um ano. O príncipe tinha tido que viajar para Santa Cruz em virtude da rebeldia das tropas portuguesas e concluiu que o filho havia morrido por causa disso, o que só o fez sentir mais raiva delas. Ameaçando atacar a Divisão Auxiliadora como uma inimiga, ele celebrou no dia 12 de fevereiro a partida das tropas.

Todos os acontecimentos ilustram a gradual conversão de D. Pedro à ideia emancipadora. Seu apreço de herdeiro e seu respeito ao pai foram perdendo o protagonismo diante do que considerava uma afronta não apenas aos brasileiros, que suplicavam por ver seus interesses e desejos atendidos, mas também à sua dignidade pessoal, ao seu orgulho que tanto prezava e até, em última instância, o que viu como um golpe de morte em seu filho e em sua família. Cada acontecimento dava forças a elementos políticos e pessoais que o impulsionavam para o cumprimento do papel histórico de que se investiu.

Em 16 de fevereiro, o príncipe regente decretou a criação do Conselho de Procuradores, um órgão de representantes eleitos das paróquias e províncias – mas que não era ainda uma efetiva assembleia constituinte ou um órgão legislativo, e sim um corpo consultivo, tal como o Conselho de Estado, com que o regente deveria dialogar. Essa medida também não devia ser do agrado das Cortes, as "facciosas Cortes", contra as quais destinava toda a sua raiva – "e não" – ele se apressaria em esclarecer – "ao sistema de Cortes deliberativas, que esse sistema nasce com o homem que não tem alma de servil e que aborrece o despotismo"[108].

Esse e outros movimentos eram uma tentativa de permanecer como uma figura acessível aos diversos grupos – e por diversos, destacam-se Bonifácio e os maçons – que, incapazes de suplantar plenamente suas desavenças, depositavam na sua figura, ao mesmo tempo, a esperança de consumação de seus projetos. Também D. Pedro procurava encarnar, nas proximidades da hora extrema, o signo da mediação. Foi nessa época que, iniciado na maçonaria, dentro do teatro das disputas de influência, ganhou o título de Guatimozim. Como arconte-rei do Apostolado, jurou defender "a integridade, categoria e independência do Brasil como reino e a constituição legítima do Estado e, depois, 'promover com todas as forças e à custa da própria vida e fazenda a integridade, independência e felicidade do Brasil como reino constitucional, opondo-se tanto ao despotismo que o altera, como à anarquia que o dissolve'"[109]. Nessa mesma atmosfera, vieram à luz os Manifestos de 1º e 6 de Agosto. O movimento brasileiro já tinha um caráter consolidado, abundando elementos para configurar o Brasil como um país próprio e capaz de se governar. Todos os elementos do projeto político triunfante estavam dispostos e delineados. Faltava apenas o estopim.

---

108 SOUSA, 2015, p. 335.

109 SOUSA, 2015, p. 373.

Entretanto, ainda havia desafios reais a vencer. Pelo menos as províncias da Bahia e do Maranhão continuavam mais subordinadas aos lisboetas que ao príncipe regente e, ao mesmo tempo, certa convulsão se estabeleceu em São Paulo, terra de José Bonifácio, em razão de inimizades de seu irmão Martim Francisco. Em 14 de agosto, D. Pedro iniciou a histórica viagem para lá, a fim de equacionar os problemas e estreitar os laços com seu povo.

Teria sido nessa viagem que o príncipe conheceu Domitila de Castro Canto e Melo, uma mulher casada, infeliz no matrimônio, que se tornaria a mais importante de suas amantes. Mais do que apenas um dos inúmeros "casos" que o príncipe e então futuro imperador ainda teria, Domitila tornou-se como que uma perdição. Tanto assim que, em 1826, receberia o título nobiliárquico de Marquesa de Santos, sem que, na realidade, jamais tivesse vivido na terra de José Bonifácio. Não acrescentaria muito aos propósitos desta síntese que procura dar a conhecer o brilho dos nossos fundadores, o impacto que tiveram na construção dos alicerces de um país e os aspectos em que suas ideias e obras poderiam ser inspiradoras nos dilemas atuais, destrinchar por muito mais espaço aquilo que, sem qualquer sombra de dúvida, é uma das mais explícitas indignidades da biografia do príncipe Pedro. Bonifácio, aliás, como amigo de Pedro, mas também grande amigo de Leopoldina, foi um dos mais dedicados censores da postura adotada pelo monarca, engrandecendo e expondo aos olhos de todos, sem qualquer vergonha, sua amante como uma presença de luxo na nobreza brasileira.

Não se satisfazendo em praticar o adultério já tão corriqueiro em sua trajetória, Pedro quis mais e tratou Domitila quase que com o status de uma segunda esposa, expondo a alma sincera e adorável da princesa Leopoldina às mais repugnantes humilhações. Não há como aplaudir e celebrar um homem em virtude do seu mergulho em suas mais evidentes fraquezas; contudo, também naquele momento, ao lado do nascimento de uma história familiar dolorosa que iria até 1829, quando D. Pedro desistiria de Domitila por estar em busca de uma segunda esposa na Europa, ocorreria também o episódio simbólico do Ipiranga.

Quanto a isso também cumpre fazer uma abordagem mais extensa. Se a relação prolongada com a Marquesa de Santos foi um exemplo de mácula do príncipe da beira, o episódio do Ipiranga é uma representação do significado de toda aquela circunstância histórica, injustamente depreciado e arranhado pelas evocações ao subterrâneo do mundano. "O príncipe não montava um majestoso cavalo, não tinha um glorioso séquito ao seu redor e ainda estava tendo problemas de digestão", apressam-se a dizer os amantes da pequenez, para sustentar que, porque o famoso quadro de Pedro Américo (1843-1905) não retrata com fidedignidade histórica os acontecimentos, devemos daí deduzir que não há neles a menor grandeza, que não faz sentido a um povo irmanar-se no enaltecimento de seus mitos fundadores, de seus clamores inaugurais.

Se a frieza dos fatos não pode ser encontrada nas emblemáticas obras de arte, tampouco ela rebaixa a importância do acontecimento. O Dia da Pátria, a data magna do Brasil, poderia ser outra em vez do Sete de Setembro; poderia ser o Dia do Fico. Poderia ser o dia da aclamação do imperador. Poderia ser o dia de um dos dois Manifestos de Agosto. Poderia ser, anos depois, o dia 2 de julho, quando os baianos concluem as batalhas contra os portugueses, garantindo ao Império o controle político de toda a extensão territorial. Alega-se que o Sete de Setembro foi uma escolha que enaltecia a individualidade de Pedro; de todo modo, a maioria das outras datas também teria que contemplá-lo em seu protagonismo, que ninguém o poderia tirar, não com justiça. Ainda assim, o Sete de Setembro é digno da escolha. Há uma beleza, há uma sequência ritual em sua constituição, que em nada perde por conta de trivialidades como os problemas digestivos do seu personagem principal.

Há dois relatos daquele momento; um produzido pelo padre Belchior Pinheiro de Oliveira (1775-1856), companheiro de jornada, e outro por Francisco de Canto e Melo (1791-1847), irmão caçula de Domitila, ajudante de ordens e amigo do príncipe regente. Os dois apresentam pequenas contradições, mas há acordo sobre aspectos principais, que não fazem com que o momento perca de modo algum em substância a sua representatividade.

Senão vejamos o que ilustra a sequência dos eventos. Já em viagem de volta de São Paulo com sua comitiva, emissários da capital e de José Bonifácio vieram a seu encontro, às margens do riacho Ipiranga. Eles traziam várias correspondências; o padre Belchior informa que o príncipe lhe sugeriu lê-las todas em voz alta, dada a urgência que sugeriam. Canto e Melo diz que o próprio príncipe as leu. Parte dos documentos vinha de Portugal e dizia simplesmente tudo que D. Pedro não gostaria de ler: o Conselho de Procuradores estava dissolvido, o ministério também, e D. Pedro só preservaria autoridade sobre as províncias mais próximas, tornando-se um franco subordinado das Cortes. Pior: todos os que se atreveram a desafiá-las, incluindo José Bonifácio, deveriam ser processados e punidos por tal inaceitável ousadia. As ordens fatídicas haviam chegado no dia 28 de agosto, durante a ausência do príncipe.

Duas outras cartas importantes vinham do Rio. Uma, de sua esposa Leopoldina; aflita, ela havia reunido o Conselho de Estado logo em seguida à chegada das ordens e foi acordada a necessidade da Independência em reunião; faltava, entretanto, a sanção do príncipe a uma decisão tão grandiosa e de tão definitivas implicações. A princesa o exortava a agir; a hora havia chegado.

De Bonifácio, vinha uma mensagem ainda mais carregada. "Senhor, o dado está lançado e de Portugal não temos a esperar senão escravidão e horrores. Venha V. A. R. quanto antes e decida-se, porque irresoluções e medidas d'água morna, à vista desse contrário que não nos poupa, para nada servem, e um momento perdido é uma desgraça."[110] O efeito foi irresistível para a imaginação do príncipe e para sua sensibilidade de nobre e de homem. Segundo Canto e Melo, o príncipe, logo após ler as cartas e fazer uma breve pausa para reflexão, exclamou: "É tempo! Independência ou Morte! Estamos separados de Portugal!". Assim estaria feita a História.

---

110 SOUSA, 2015, p. 396.

Belchior oferece uma narrativa mais minuciosa. Segundo o padre, depois de ele próprio ler o conteúdo das cartas, D. Pedro lhe perguntou o que fazer diante das notícias repugnantes que recebia. Belchior teria respondido: "Se V. Alteza não se faz rei do Brasil, será prisioneiro das Cortes e talvez deserdado por elas. Não há outro caminho senão a independência e a separação". Refletindo e caminhando brevemente, D. Pedro teria então exclamado: "Padre Belchior, eles o querem, terão a sua conta. As Cortes me perseguem, chamam-me com desprezo de 'Rapazinho' e de 'Brasileiro'. Pois verão agora quanto vale o 'Rapazinho'. De hoje em diante estão quebradas nossas relações; nada mais quero do Governo Português e proclamo o Brasil para sempre separado de Portugal'"[111]. Na narrativa de Canto e Melo, temos a total importância do príncipe e a explosão do momento; na de Belchior, se o próprio padre se torna um ícone do episódio, ao mesmo tempo temos a expressão de todas as angústias e sentimentos que experimentava o príncipe e que o levaram a, com seu orgulho ferido, irar-se contra as Cortes.

O príncipe então, segundo Canto e Melo, arrancou o laço português que portava no chapéu, jogou-o para longe e desembainhou a espada, incitando a que os demais presentes o acompanhassem no juramento de liberdade. Belchior acrescenta que, antes, junto aos dragões da Guarda de Honra, disse-lhes: "Amigos, as Cortes querem escravizar-nos e perseguem-nos. De hoje em diante nossas relações estão quebradas. Nenhum laço nos une mais". Aí então arrancou o laço azul e branco lusitano e complementou: "Laço fora, soldados. Viva a independência, a liberdade e a separação do Brasil." Recebendo vivas, concluiu solenemente: "Pelo meu sangue, pela minha honra, pelo meu Deus, juro fazer a liberdade do Brasil". Antes de partir à frente de seus homens, não com um grito de súbito, como registra a memória popular e como sugere a versão de Canto e Melo, mas igualmente firmando um

[111] SOUSA, 2015, p. 397.

compromisso, asseverou: "Brasileiros, a nossa divisa de hoje em diante será – Independência ou Morte"[112].

O mote "Independência ou Morte" se espalhou tanto quanto a notícia. De pronto, já havia brasileiros celebrando na festa noturna em São Paulo, com os laços verdes e amarelos – as cores da nova pátria: o verde da família de Pedro, os Bragança; o amarelo, da família de Leopoldina, os Habsburgo. Um país nascido sob a égide das duas dinastias, duas tradicionais famílias monárquicas, mas também sob a égide do anseio constitucional. Seria apenas no mês seguinte, em 12 de outubro, já no Campo de Santana, no Rio de Janeiro, que D. Pedro de Alcântara, o príncipe da beira e príncipe regente do Brasil, se transformaria em D. Pedro I do Brasil – o imperador e Defensor Perpétuo do país.

OS SÍMBOLOS NACIONAIS

Torna-se oportuno, nesta etapa da história em que o imperador dá o pontapé inicial ao esforço de corporificar o projeto de uma pátria independente, com seus próprios significados e perspectivas, realizar um breve exame de alguns dos nossos mais importantes símbolos nacionais – o imperador em si mesmo, de certo modo, tendo sido um –, muitos deles surgidos já naquela época, outros apenas mais tarde, durante a fase republicana, com ênfase naquilo em que podem também simbolizar uma mensagem enriquecedora aos que vivem sob sua representação.

O primeiro símbolo brasileiro foi o tope verde e amarelo, emblema desenhado pelo próprio príncipe pela manhã e vazado em ouro pelo ourives Lessa, da rua Boa Vista. Os laços verdes e amarelos que acabamos de mencionar, segurados pelos brasileiros durante a celebração inicial da independência, o acompanharam. No decreto de fundação do tope, dizia D. Pedro, ainda referindo-se ao Brasil como Reino e não como Império, algo que mudaria depois:

---

[112] SOUSA, 2015, p. 398.

> *"Convindo dar a este Reino do Brasil um novo tope nacional, como já lhe dei um escudo de armas: hei por bem (...) ordenar o seguinte: o laço ou tope nacional brasiliense será composto de cores emblemáticas - verde de primavera e amarelo d'ouro - na forma do modelo anexo a este meu decreto. A flor no braço esquerdo, dentro de um ângulo d'ouro, ficará sendo a divisa voluntária dos patriotas do Brasil que jurarem o desempenho da divisa - Independência ou Morte - lavrada no dito ângulo"*[113].

Já o azul e o branco, que figurarão na bandeira brasileira, vêm de longe, dos primeiros donatários que chegam ao território, sendo as cores do antigo Condado Portucalense desde fins do século XI. São cores que nos ligam muito diretamente ao nosso passado português. A Bandeira Imperial como um todo foi projetada pelo francês Jean Baptiste Debret (1768-1848), ainda como uma bandeira do Reino do Brasil, exibindo a coroa usada pelo seu rei, isto é, pelo príncipe regente.

Em dezembro de 1822, a bandeira sofre uma modificação, transformando-se a coroa de real em imperial. Em nenhum momento, porém, por mais que a fase fosse de ruptura e se estivesse criando uma nova etapa, uma nova identidade e uma nova nação, a sua representação estética máxima, a bandeira, proclamou uma ruptura radical com a tradição e o passado; ela segue exibindo ao centro a cruz da Ordem de Cristo e a esfera armilar, com dezenove estrelas representando as províncias então existentes.

A cruz de Cristo é simplesmente a insígnia pintada no velame das dez naus e três navetas que compunham a esquadra de Pedro Álvares Cabral e testemunharam o descobrimento do Brasil pelos portugueses. O Infante D. Henriques (1394-1460), segundo alguns autores, manteve a escola de Sagres e patrocinou os navegantes portugueses com os recursos da Ordem Militar de Cristo; os brasileiros somos, portanto, filhos de seus valores e seu desbravamento

---

[113] LUZ, 2005, p. 21.

do oceano desconhecido. Já a esfera armilar já era a divisa de D. Manuel, sob cujo reinado a esquadra de Cabral chegou a esta terra. Era um sinal de que o Brasil, por mais destratado que se sentisse por Portugal, não esquecia sua origem e os labores de seus ancestrais. Ao redor da esfera e da cruz, com as províncias e a combinação auriverde, a bandeira também trazia ramos de café e tabaco como suportes, representando os produtos mais destacados no Império.

D. Pedro I tomou a Virgem Maria por Padroeira do Brasil e realizou o benzimento das bandeiras em 10 de novembro de 1822, dia da Apresentação de Nossa Senhora. Essa bandeira imperial seria modificada depois do golpe militar de 1889, que converteu o Brasil em República. Ainda assim, nossa bandeira atual preserva, como efeito da força e da originalidade de sua combinação, o auriverde imperial, alterando-se a disposição do losango amarelo, que passa a não mais tocar as pontas do pavilhão. A bandeira republicana trazia, sob forma de estrelas sobre uma esfera celeste azul ao centro do losango, o aspecto que teria o céu no momento em que os rebeldes declararam a morte da monarquia, mas também passaram a representar os estados da Federação e o Distrito Federal – tudo isso entremeado pelo emblema positivista "Ordem e Progresso". Esse centro, por óbvio, representa um regime transitório, estabelecido mediante o movimento de conspiradores que decretou o fim do reinado de D. Pedro II, mas a predominância auriverde mantém viva a conexão com os fundadores que ora queremos relembrar.

Restam-nos, em destaque, os hinos. Sabe-se que o primeiro hino patriótico entoado em terras brasileiras foi cantado em Pernambuco pelos invasores holandeses, executado por suas bandas militares, sendo basicamente o seu hino nacional. Depois disso, apenas a Revolução Republicana de 1817 cuidou de produzir um hino, do qual se registra somente a estrofe "No campo da honra, Patrício formemos, Que o vil despotismo Sem sangue vencemos"[114].

---

[114] LUZ, 2005, p. 163.

Por nove anos desde a Independência o Brasil não teve um hino. Porém, já em 1822, Francisco Manuel da Silva (1795-1865) compunha uma melodia imortal para celebrar a emancipação do país, uma marcha que, no futuro, se tornaria o Hino Nacional. À época, porém, ainda não o era.

Nesse meio tempo, na noite do Sete de Setembro, D. Pedro compôs no Teatro da Ópera de São Paulo a melodia do chamado Hino da Independência, cuja letra é atribuída a Evaristo da Veiga, com os famosos versos que bradam "Brava gente brasileira, longe vá temor servil, Ou ficar a pátria livre Ou morrer pelo Brasil!".

Anos depois, em 7 de abril de 1831, em momento infeliz para o imperador, quando ele abdicou e partiu do Brasil, a marcha de Manuel da Silva voltou a ser entoada em celebração, no dia 13, com o título "Ao Grande e Heroico Dia Sete de Abril – Hino oferecido aos brasileiros por um patrício nato", com outra letra, que não a que consagramos. Mais uma vez, em 1841, para a coroação de D. Pedro II, reconciliando-se com a Coroa – uma Coroa agora totalmente brasileira aos olhos dos desafetos de Pedro I, porque disposta sobre um imperador nascido no país –, o hino voltou a ser entoado com nova letra. Os republicanos tentaram instituir um novo Hino Oficial, mas a predileção popular e do próprio Marechal Deodoro da Fonseca (1827-1892), o primeiro presidente, pelo hino de Manuel da Silva se impôs e o substituto, vencedor de um concurso realizado especialmente com essa finalidade, se transformou em Hino da República. À marcha de Manuel foi anexada uma letra definitiva, aquela que cantamos até hoje, composta por Osório Duque Estrada (1870-1927) e oficializada em 1922 pelo presidente Epitácio Pessoa (1865-1942), na celebração do centenário da Independência.

A principal lição que os símbolos deixam, como se pode notar, é o valor da continuidade e da gratidão ao passado. Mesmo quando o Brasil passou por transições bruscas e mudanças de regime e personalidade, e foram muitas desde pelo menos o golpe republicano de 1889, há símbolos que demonstram tanto peso e reverberam tão forte os valores dos construtores da nação que nem sequer os criadores de novos quadros políticos tiveram a audácia de destruí-los completamente.

O PRIMEIRO REINADO, A CONSTITUINTE DE 1823 E A ABDICAÇÃO

O Primeiro Reinado foi um período relativamente curto de turbulências e tensões, mas também marcou a consolidação da Independência - ainda que não em definitivo da unidade nacional, que seguiria enfrentando desafios pelo período Regencial até o advento do Segundo Reinado. Cumpre-nos observar o desfecho da história de D. Pedro I e de que maneira essa fase histórica delineou os passos seguintes.

As divergências entre Bonifácio e o grupo de Ledo dão a tônica desde o início, quando este último passa a pressionar por um juramento do imperador de que aceitaria a Constituição que surgiria da Assembleia Constituinte brasileira, fosse qual fosse. Era uma situação algo similar às discussões que antecederam a partida de D. João por ocasião do interesse dos revolucionários do Porto de fazer uma Constituição e forçar o rei a aceitá-la. Por nobre que fosse a intenção de estabelecer regras constitucionais e limitar o arbítrio, foi de uma Constituinte como aquela que surgiram, justamente, as medidas antibrasileiras que suscitaram a Independência. Avesso a esse tipo de risco, Bonifácio não queria que, diante de toda uma engenharia institucional por fabricar e consolidar no nascedouro do novo país, o imperador fosse refém de abstratistas e agitadores.

Os liberais maçons acreditavam que toda a soberania nacional, toda a institucionalidade da nação em nascimento, deveria ser criada sob a autoridade dessa própria nação em si mesma. Bonifácio, ao contrário, acreditava que a História não poderia ser "atropelada" e, na verdade, todos os fatos se deram em torno de D. Pedro, com todas as mobilizações tendo sido feitas, desde o Fico até o Ipiranga, em torno de sua pessoa. Nas circunstâncias da época, o Andrada via nisso um pacto já consumado entre a nação e o imperador, que Constituinte alguma poderia ameaçar, subordinar ou dissolver sob pena de estar traindo o projeto original. A Constituinte e Pedro deveriam estar em pé de igualdade no novo regime de construção nacional, não podendo, por exemplo, os liberais encaminhar o país para uma República. A monarquia constitucional já seria, por si só, um limite que nenhum constituinte poderia questionar.

O que se seguiu foi uma novela subterrânea de movimentações para que os rumos seguissem numa ou noutra direção, com o imperador suscetível às influências constantes dos dois lados. O ambiente era politicamente difícil, com a tentativa de criar um sistema representativo nas mãos de líderes e estadistas destreinados, desacostumados a esse mesmo sistema; ao centro, um imperador receado pelos mais absolutistas da Europa por seus pendores teóricos liberais, mas, ao mesmo tempo, desejoso do mando, da participação, da intromissão em tudo quanto pudesse, de ser liderança enérgica e viva. O Brasil recém-nascido era um laboratório de experimentações delicadas e sujeitas a idas e vindas nas relações entre a liberdade e a ordem. Aconteceu, como já pontuamos, a "Bonifácia", com todas as suas prisões, devassas e exílios, bem como os esforços de guerra para pacificar as regiões do país que ainda lutavam pela manutenção da vinculação a Lisboa.

Sob a maior parte dos aspectos, Bonifácio vencia àquela altura o grupo de Ledo, em especial no mais importante: a definição sobre o juramento. D. Pedro não abriu mão de sua autoridade e da tese de sua identificação com a pátria e proclamou: "Juro defender a Constituição que está para ser feita, se for digna do Brasil e de mim"[115]. Determinava-se, portanto, que a Assembleia Constituinte não estava acima dele. Não poderiam fazer o que quisessem e apequenar a importância do príncipe em torno de quem foi feita a emancipação.

Mais fácil não seria a Assembleia Constituinte em si, instalada em 3 de maio de 1823, com trágico desfecho. Agora já não se tratava mais de discutir os pontos de consenso entre as forças que

---

115 SOUSA, 2015, p. 450.

fizeram a Independência, mas sim as suas divergências, e estas, somadas às intrigas pessoais e abismos de temperamento, eram mais significativas do que poderia transparecer anteriormente, a começar pela abrangência social da visão de Bonifácio, indo ao "extremo" da extinção da escravatura, horizonte de pensamento que não cogitavam as mentes mais preocupadas com o formalismo institucional, que pregavam o liberalismo dos americanos ou dos ingleses, mas não a liberdade para seres humanos que consideravam suas propriedades privadas. A nação não estava preparada para o olhar andradino, nesse ponto, à frente de seus contemporâneos.

Logo nos primeiros dias, já houve quem tentasse ressuscitar a tese de que a Constituinte poderia fazer o que desejasse, o que ditassem a razão e o senso de justiça dos constituintes, mandando às favas o juramento condicionado do imperador, como o padre José Custódio Dias (1770-1838), que, mais tarde, insistiu em querer diminuir a posição de D. Pedro, pretendendo que, nos cerimoniais, o trono fosse disposto no mesmo plano que os assentos dos parlamentares e não acima. Pode parecer uma mera questão ritual, mas ela tinha enorme importância no teor das questões fundamentais de Estado que se estavam decidindo, razão por que Antônio Carlos, o mais eloquente dos Andradas, imediatamente reagiu, com sucesso, a essa tese, alegando que o representante hereditário da nação não poderia se sentar no mesmo plano que os representantes temporais, afinal, aquele representa, até a morte, a identidade nacional, enquanto estes representam as circunstâncias de opinião.

O imperador, ainda sobre a Constituição que esperava ver construída pela Assembleia de 1823, pontificou, provavelmente sob influência de Bonifácio, que deveria ser "uma Constituição sábia, justa e executável, ditada pela razão e não pelo capricho, que tenha em vista tão somente a felicidade geral, que nunca pode ser grande, sem que esta Constituição tenha bases sólidas, bases que a sabedoria dos séculos tenha mostrado que são as verdadeiras, para darem uma justa liberdade aos povos e toda a força necessária ao Poder Executivo. Uma Constituição em que os três poderes sejam bem divididos, de forma que não possam arrogar direitos que lhes não compitam, mas que sejam de tal modo organizados e harmonizados, que se torne impossível, ainda pelo decurso do tempo, fazerem-se inimigos, e cada vez mais concorram de mãos dadas para a felicidade geral do Estado. Afinal, uma Constituição que pondo barreiras inacessíveis ao despotismo, quer real, quer aristocrático, quer democrático, afugente a anarquia e plante a árvore daquela liberdade à cuja sombra deve crescer a união, tranquilidade e independência deste Império, que será o assombro do mundo novo e velho"[116].

Mesmo sem ser apontado como o mais instruído de sua época, fica patente que o imperador tinha sido educado em fundamentos de um entendimento clássico, que remonta a Aristóteles, dos perigos das deformações das formas clássicas de organização política. A sanidade da organização social está ameaçada principalmente por três degenerações: o despotismo ou a tirania, quando um só decide reunir em si a autoridade absoluta e suprimir as liberdades e prerrogativas dos outros; a oligarquia, uma versão decaída da aristocracia em que um grupo de poucos concentra esse poder em vez de um só, mas todos os demais padecem de seu arbítrio; e, por fim, a democracia, que nada tem a ver aqui com o sistema representativo, mas com a "tirania da maioria", o autoritarismo da turba enfurecida que ignora qualquer instituição. Está explícita aqui a preocupação por construir um sistema que consiga se arranjar de maneira a não permitir o descalabro para nenhum desses excessos.

D. Pedro foi ainda mais explícito ao dizer o que a Constituição não poderia ser, direcionando a crítica àquelas que foram obra da Revolução Francesa:

> *"Todas as Constituições que, à maneira das de 1791 e 1792 têm estabelecido suas bases e se têm querido organizar, a experiência nos tem demonstrado que são totalmente*

---

[116] SOUSA, 2015, p. 464.

teoréticas e metafísicas e por isso inexequíveis; assim o provam a França, Espanha e ultimamente Portugal. Elas não têm feito, como deviam, a felicidade geral; mas sim depois de uma licenciosa liberdade, vemos que em uns países já apareceu e em outros não tarda a aparecer o despotismo de um, depois de ter sido exercitado por muitos. (...) Espero que a Constituição que façais mereça a minha imperial aceitação, seja tão sábia e tão justa quanto apropriada à localidade e civilização do povo brasileiro"[117].

Havia nisso uma ameaça (nada) velada de que, entendesse o imperador de outro modo, ele faria valer a autoridade natural de que se acreditava investido e não aceitaria a Constituição. Acreditava, como assim também Bonifácio, que o Poder Executivo deveria permanecer nas mãos do imperador e do governo sob ele organizado, para terminar de dar forma ao novo país e assentá-lo em bases seguras e sólidas. Nada indicava que a Constituinte acabaria bem; de parte a parte, discussões dos mínimos detalhes, desavenças sub-reptícias sobre fórmulas e tudo quanto tocasse, ainda que apenas simbolicamente, ao papel de D. Pedro se multiplicavam. O simples fato de que o imperador deixou no ar a ameaça de fechar a Constituinte, como de fato acabou fazendo, demonstra a escassez de treinamento dos espíritos em um ambiente liberal-democrático sadio, ainda sem atmosfera no país em construção, por grandes que fossem os seus fundadores. Ao mesmo tempo, os elementos mais exaltados já começavam a não tolerar o modo como a Independência se fez e a se incomodar com a origem portuguesa do imperador que representava a nacionalidade brasileira.

As rivalidades contra Bonifácio também se adensavam no ambiente da Assembleia, tanto por parte de quem dizia julgá-lo autoritário, quanto de quem queria lhe dar lições de autoritarismo. Intrigas já estavam sendo sopradas aos ouvidos do imperador,

---

117 SOUSA, 2015, p. 465.

que, por mais que admirasse o estadista de Santos, era vaidoso e cioso de sua posição e não queria ser preterido na lista de heróis da independência. Não queria que a figura do patriarca o suplantasse. Os principais autores dessas intrigas, naquela quadra, não eram os liberais mais exaltados; eram, ao contrário, o restolho da antiga monarquia que permaneceu nas rodas palacianas.

Um dos episódios mais lamentáveis dessa fase foi o atentado a Luís Augusto May (1782-1850), redator de *A Malagueta*. Esse jornalista português fazia oposição a Bonifácio e, em junho, ao fazer fortes críticas às preocupações demonstradas por D. Pedro sobre a Constituinte, foi agredido em casa por quatro homens encapuzados. Bonifácio insinuou a participação do imperador, ao desabafar que "quando o doido do May escreveu contra ele, prorrompeu na atrocidade que todos sabem"[118]. Ele mesmo, Bonifácio, não tinha culpa alguma, de acordo com o que veio a dizer o próprio May, nove anos depois. Teria sido, porém, a julgar por suas palavras insofismáveis, mais um destempero injustificável do imperador.

O clima permanecia repleto de paixões exaltadas quando, de outro lado, o ex-revolucionário pernambucano Muniz Tavares (1793-1876) propôs na Constituinte a expulsão de portugueses considerados suspeitos, desta vez com o apoio de Antônio Carlos – atitude que não poderia desagradar mais a D. Pedro, cercado que estava de portugueses que haviam permanecido no Brasil, ocupando funções na Corte. O projeto de Tavares foi derrotado, mas só serviu para colocar mais "lenha na fogueira" de constituintes que não conseguiam se entender e harmonizar. Seus membros, dos polos mais opostos, acorriam ao imperador em busca de obter seu apoio contra José Bonifácio e seus irmãos, ao mesmo tempo em que, em pautas cruciais, se enfrentavam entre si. Havia ainda a insatisfação do ministro santista com o relacionamento entre D. Pedro e Domitila, ela mesma interessada em fazer que o imperador e o amigo estadista rompessem.

---

[118] SOUSA, 2015, p. 477.

A crise culminou na exoneração de Bonifácio. O ex-ministro havia acreditado que D. Pedro seria a base necessária para realizar profundas reformas que atacariam a base do escravismo, mas estava enganado, porque os seus opositores conseguiram fazer com que o imperador o enxergasse naquele momento como um obstáculo ao próprio brilho. Sem o governo de Bonifácio, os rumos só pioraram. Tramitou a proposta de retirar a sanção das leis das mãos do imperador – sanção que era típica nas monarquias constitucionais, e vige entre os britânicos até o momento em que escrevemos estas linhas. Críticas abertas à honra e ao equilíbrio do jovem monarca foram feitas por constituintes mais exaltados – algo que, convenhamos, em um sistema monárquico, não apresenta muita adequação. Os jornais também incendiavam com trocas de acusações e procurando colocar centralizadores contra descentralizadores, brasileiros nativos contra nascidos portugueses.

Contra essas últimas insinuações, que o feriam diretamente, logo a ele que havia feito a mais extrema das escolhas, D. Pedro respondeu no aniversário de um ano da Independência, procurando afiançar com bastante ênfase, como sempre tentou fazer até o fim dos dias, o caráter irrevogável do gesto que fez ao escolher formalizar a separação entre Brasil e Portugal, o reino-filho e seu pai:

> *"Os agradecimentos que a Assembleia Geral Constituinte e Legislativa me mandou dar, por esta ilustre deputação, em nome de todo o Império, pela resolução que tomei, declarando a sua independência pela primeira vez, no sítio do Ipiranga, bastam para que eu sobremaneira me repute pago dos serviços que tenho prestado à pátria, que decidida e denodadamente adotei por minha; e que lhe afiance de novo que prosseguirei ainda com maior entusiasmo se possível for, a prol de sua independência monárquico-constitucional, que por gesto meu durará eternamente. Quando proclamei a independência, não fiz mais do que mostrar o meu reconhecimento para com o Brasil (que tantas provas me tem dado de afeição e decidido amor à*

minha imperial pessoa) e cumprir com o dever de todo o bom cidadão, que prefere a morte à escravidão, e o bem geral a todo e qualquer interesse particular, sem olhar aos perigos por maiores que sejam, contanto que a sua pátria fique vingada e para sempre vitoriosa"[119].

Não adiantou. Quando, em novembro, o boticário Davi Pamplona Corte Real foi agredido na Bahia por militares portugueses, convencidos de que ele tinha sido autor de uma carta anônima que os atacava, a Assembleia se viu contaminada novamente pelo furor dos ódios entre aqueles dominados pelo apelo nativista e aqueles que eram portugueses de origem, ou ainda que queriam apenas a contemporização. O boticário fez um requerimento pedindo maior proteção ao cidadão, mas o estrago já estava feito. Os irmãos de José Bonifácio se destacaram entre os imprudentes, fazendo discursos incensários diante da situação que indispuseram com eles mais ainda o imperador. A essa altura, em meio a tantas paixões descontroladas, D. Pedro era o mais tomado por elas, desejoso de punições ao jornal que feria a honra dos nascidos portugueses e da expulsão dos Andradas, e irritado com toda a sequência de eventos que se haviam sucedido, com os esforços – realmente, em boa medida, incompatíveis com o tipo de regime que estava pressuposto para a Assembleia – por reduzir a importância de sua presença no governo brasileiro.

O imperador, então, aplicou um golpe de força e dissolveu a Assembleia Constituinte, exilando alguns dos constituintes, entre eles os Andradas. A prova de que seu ato foi um excesso está em que a Constituinte, apesar de todos os problemas, tinha conseguido estabelecer um núcleo geral de princípios para a Constituição, que viriam a ser aproveitados na Constituição de 1824. O imperador procurou atenuar a feição despótica de seu gesto, prometendo uma Constituição ainda mais liberal que aquela que se estava preparando.

---

119 SOUSA, 2015, p. 510.

Coube então ao Conselho de Estado, debruçando-se sobre o texto que Antônio Carlos já estava preparando na Constituinte, a elaboração de um novo projeto de Constituição, de que o principal redator, para grande parcela da historiografia, foi José Joaquim Carneiro de Campos (1768-11836), o então futuro marquês de Caravelas, sucessor de Bonifácio no ministério. Com efeito, a maior diferença entre a Constituição que se projetava em 1823 e o projeto final de 1824 é a inclusão do Poder Moderador, de que falaremos ao final deste capítulo, em evidente tentativa de adaptar o projeto filosófico-político de Benjamin Constant, de quem D. Pedro era de algum modo discípulo, de molde a aumentar os poderes do imperador e sua centralidade.

Diante de focos de exaltação e insubordinação no Norte e Nordeste, D. Pedro decidiu que uma nova Assembleia Constituinte para apreciar o documento concluído pelo Conselho de Estado criaria um furor desnecessário e entendeu que o projeto era de altíssima qualidade. Optou, portanto, por outorgar a Constituição. Encaminhou-a à apreciação das Câmaras Municipais, apenas para que formalizassem um assentimento já previamente conhecido. O imperador até recolheu assinaturas no Rio de Janeiro em dois livros: um para quem ratificasse o projeto, outro para quem quisesse uma nova Assembleia. Ninguém, é claro assinou o segundo – quem se atreveria?

Não se pode, pois, dizer que foi democrática a feitura da Constituição de 1824, a primeira e mais duradoura Constituição da história do Brasil. Porém, em sua defesa, à exceção do Poder Moderador, pode-se dizer que a maior parte de seu conteúdo já constava dos fundamentos da discussão na Constituinte de 1823, razão por que não há exagero em assumir que ela condensava o que havia de principal na substância dos conceitos e teses que permeavam o movimento da independência e os estadistas que o compunham. Aos trancos e barrancos, era uma composição dos seus postulados fundamentais.

A Constituição se rendia ao regime da monarquia hereditária e estabelecia quatro poderes: o Executivo, o Legislativo, o Judiciário e, como ressaltamos que ainda detalharemos, o Moderador.

Quanto aos três poderes tradicionais, o primeiro, o Poder Executivo, ficou nas mãos do imperador, que nomeava seus ministros, executores de suas ordens, e os presidentes de províncias, cargo equivalente ao dos atuais governadores de estados. Mais tarde, no Segundo Reinado, na década de 40 do século XIX, sem que a Constituição fosse alterada, o sistema político sofreu uma evolução de viés parlamentarista, cabendo ao imperador a nomeação de um gabinete ministerial sob comando de um Presidente do Conselho de Ministros, com função análoga à do Primeiro-Ministro nos parlamentarismos tradicionais, com quem o imperador "repartia", na prática, o exercício do Poder Executivo, podendo os ministros ser responsabilizados por seus atos, enquanto o imperador era legalmente irresponsável.

O Poder Legislativo era composto pela Câmara dos Deputados e pelo Senado, sendo os deputados eleitos por voto censitário e os senadores passaram a ser nomeados pelo imperador, escolhidos em uma lista tríplice de mais votados. Já o Judiciário também era nomeado pelo imperador, possuindo os juízes cargo vitalício, suspenso apenas por sentença ou por decisão do próprio monarca.

O voto estava restrito a homens maiores de 25 anos com renda elevada, a princípio em eleições indiretas, em que se escolhiam aqueles que votariam nos deputados e senadores; mais tarde, a lei Saraiva, na reta final do Império, estabeleceria as eleições diretas. Já os candidatos precisavam ter uma renda ainda maior e não poderiam ser escravos libertados.

Também precisavam ser católicos, dado que o Catolicismo era a religião oficial do país; a estrutura da Igreja Católica, no entanto, estava administrativamente subordinada ao governo, no sistema conhecido como Padroado, estopim para problemas no final do Império, notadamente a Questão Religiosa, que indispôs D. Pedro II com o clero quando este decidiu punir sacerdotes que interditaram irmandades cujos membros fossem maçons. A Constituição também determinava a manutenção do Conselho de Estado, órgão composto por conselheiros diretos escolhidos pelo imperador, e mantinha o Rio de Janeiro como capital do Brasil.

Firmada a Constituição de 1824, instalou-se em seguida o Parlamento, já sob a sua diretriz. Tão logo isso aconteceu e novamente os problemas de temperamento de D. Pedro e a inexperiência dos parlamentares se fizeram sentir. Cada homem tem as qualidades próprias a alguma coisa e não necessariamente a outras; o imperador havia sido o homem certo para sentenciar a libertação do Brasil dos riscos oferecidos por Portugal, mas não teria os ânimos adequados para a posição arbitral e sensivelmente mais passiva demandada pelo regime monárquico-constitucional, por ele mesmo defendido, nem conseguiria superar os excessos de repulsão nativista que existiam entre os liberais brasileiros e os nascidos portugueses. Tais dificuldades, do início ao fim, minariam e destruiriam o seu Reinado.

A Confederação do Equador, revolução republicana que aconteceu em decorrência da dissolução da Constituinte de 1823, foi um dos primeiros e mais graves problemas com que o imperador se defrontou, em julho de 1824, levado a efeito por forças que não aceitavam a Constituição outorgada. O centro da revolta era Pernambuco, com os liberais Frei Caneca e Manuel de Carvalho Pais de Andrade (1774 ou 1780-1855). Eram herdeiros da Revolução Pernambucana de 1817, com ideais completamente descentralizadores, regionalmente autonomistas, mas os ecos da Confederação chegaram até a Paraíba. Manuel se exilou e Caneca foi executado, em meio à dura repressão que o movimento sofreu. Antonio Paim diria desse movimento que os ideais republicanos a inspirá-lo beiravam o democratismo, com sua tese de que a modernidade nos encaminha para uma sociedade racional em que a monarquia seria um obstáculo e, se as outras províncias como o Rio de Janeiro a preferiam, aquelas que viriam a compor a Confederação deveriam se separar em nome da República.

Caneca era um entusiasta do liberalismo, mas radicalmente a favor de as províncias terem total poder sobre seus rumos e destinos, não reconhecendo a nenhuma o dever de sujeitar-se a diretrizes ou determinações concernentes a qualquer outra. Bonifácio ou Cairu pensariam dele que falava de um sonho metafísico, desconectado dos imperativos da realidade; fato é que, com sua morte e, muitos anos depois, com a pacificação nacional mediante o golpe da Maioridade que colocou D. Pedro II no trono antes do tempo, arrefecendo as revoltas do Período Regencial, o projeto dos fundadores se provou mais realista e assentou-se melhor, garantindo a unidade nacional e a construção de instituições.

Não obstante, a repressão ao movimento foi dura e permaneceu como mais um capítulo em um desgaste de D. Pedro com os brasileiros que só se acentuaria. Após a morte de Leopoldina, em 1826, o imperador continuou com o exibicionismo de sua amante, até que as circunstâncias da busca por uma segunda esposa na Europa, D. Amélia de Leuchtenberg (1812-1873), mais uma vez o obrigaram a renunciar a um relacionamento não-oficial. Longe de Domitila, D. Pedro contraiu novas núpcias em 1829; tratava-se de um negócio de Estado, como todos os casamentos reais à época.

Para engrossar de vez o caldo, com a morte de D. João, o irmão de D. Pedro, D. Miguel, deu um golpe absolutista, impedindo que a filha de D. Pedro, a futura rainha D. Maria II, assumisse o trono português. A crise que ficou conhecida como Questão Portuguesa, ainda que o imperador tenha ratificado sua abdicação a qualquer direito à sucessão no trono lusitano, garantindo que permaneceria apenas como imperador do Brasil, absorveu sobremaneira a sua atenção, interessado que estava em garantir o direito de sua filha. Até mesmo Benjamin Constant, o filósofo que D. Pedro havia lido e que tanto havia impactado suas reflexões e decisões, tentava seduzi-lo para ingressar em luta na Europa pelo liberalismo contra o absolutismo de seu irmão.

Essa absorção não poderia agradar aos brasileiros, já descontentes com sua conexão inescapável com Portugal, já tão tomados de prevenções contra os nascidos portugueses. Algumas correspondências com amigos e conselheiros sugerem que a dimensão da crise e da insatisfação perturbava o imperador a ponto de fazê-lo cogitar uma lamentável renúncia a todos os princípios liberais de que se fez campeão e emendar a Constituição com dispositivos autoritários. Um desses amigos, Francisco Vilela Barbosa, o marquês de Paranaguá (1769-1846), por exemplo, ponderou que as convulsões eram normais num país que vivia tamanha transição de regimes, com características mistas, um povo profundamente fracionado entre senhores e escravos e sem a formação longeva de uma aristocracia, própria das monarquias mais antigas. O melhor caminho seria tentar modificar esse estado de coisas pelo exemplo, pelo respeito às leis, por tentar dignificar a moral pública, não através de emendas, reformas golpistas ou tirania. Não faltavam, entretanto, as vozes contrárias, tentando instigar D. Pedro a acreditar que o colosso territorial sem densidade populacional e deficiente nas comunicações não poderia ser gerido por um sistema representativo e o imperador deveria renunciar a suas crenças liberais.

O golpe nunca foi levado a efeito e D. Pedro nesse particular parece ter ouvido a voz da razão, mas os deputados que prenunciavam o grupo que na Regência viria a ser conhecido como "liberais moderados" já não mais o toleravam, tomados de suspeitas pelo menor movimento que fizesse. Bernardo Pereira de Vasconcelos, por exemplo, ficou conhecido como um dos principais militantes por um sistema mais afeito aos moldes ingleses, desejando a existência de um gabinete ministerial politicamente responsável, que tivesse de governar alinhado à opinião da maioria.

D. Pedro tentou remediar os entraves, criando uma lei que oficializava a responsabilidade ministerial e oferecendo cargos na Europa para alguns amigos portugueses, a fim de afastar as teorias conspiratórias que o pintavam mais português que brasileiro. Nada disso adiantou. No fatídico ano de 1831, a opinião nacional – o que significa dizer, a opinião dos parlamentares, dos jornalistas, das elites nacionais – já estava em luta constante com o governo. O ministério do marquês de Barbacena (1772-1842) foi um dos últimos respiros de D. Pedro. O ministro, é certo, concluiu as batalhas da Guerra na Província Cisplatina, resultando na independência do Uruguai em relação ao Brasil, o que comprometeu ainda mais o prestígio do imperador. Entretanto, Barbacena teve a sabedoria de se esforçar por construir um governo em conformidade com as maiorias parlamentares. Para sua infelicidade, outra vez, a mente impressionável de D. Pedro foi seduzida por intrigas contra ele, acusando-o de mau emprego dos recursos públicos. Foi mais um ministério demitido e mais uma tentativa frustrada. D. Pedro estava completamente antipático às forças liberais mais nativistas do Parlamento; era uma questão de tempo.

Naquela quadra, os "liberais moderados" já alimentavam o desejo de que o imperador abdicasse e, seguindo a Constituição, durante o período em que D. Pedro II seria menor de idade e não poderia assumir o trono, eles poderiam implementar as reformas que desejavam, principalmente aquelas voltadas à descentralização administrativa. No dia 6 de abril, a população, diante da notícia de que D. Pedro havia composto um novo ministério repleto de nobres mal vistos pelos liberais do Parlamento, acorreu ao Campo de Santana, estimulada ainda por boatos dando conta de que ele mandaria prender os líderes da oposição. Chegaram a se concentrar cerca de quatro mil pessoas, mobilizadas por chefes civis, em conluio com lideranças militares que queriam evitar uma intervenção militar como solução para a crise, apostando na pressão popular. Exigiam a dissolução do ministério. Obtiveram a dissolução do Reinado.

D. Pedro disse a um diplomata francês:

> *"Prefiro abdicar a receber imposições violentas, contrárias à Constituição, feitas pelo povo e pelo exército insurgido. (...) Prefiro descer do trono com honra a governar desonrado e envilecido. (...) Não nos iludamos. A contenda se tornou nacional. Todos quantos nasceram no Brasil estão no Campo e contra mim. Não me querem para governo porque sou português. Seja porque meio for, estão dispostos a se livrar de mim. Espero por isso de há muito. Durante a viagem a Minas, anunciei que o meu regresso ao Rio seria o sinal da luta entre nacionais e portugueses, provocando a crise atual. Meu filho tem uma vantagem sobre mim, é brasileiro, e os brasileiros gostam dele. Reinará sem dificuldade e a Constituição lhe garante os direitos.*

Descerei do trono com a glória de findar como principiei, constitucionalmente"[120].

Foi exatamente o que fez. Manifestou-se em definitivo para o país que ajudou a fundar: "Aqui tem a minha abdicação. Retiro-me para a Europa e deixo um país que muito amei e ainda amo. (...) Usando do direito que a Constituição me concede, declaro que hei mui voluntariamente abdicado na pessoa do meu muito amado e prezado filho o sr. Pedro de Alcântara. Boa Vista, 7 de abril de 1831, décimo da Independência e do Império"[121]. No evento que ficou conhecido como a "Revolução de Sete de Abril" – revolução em que não se disparou nenhum tiro –, o reinado de D. Pedro I terminava para sempre.

O imperador adotou ainda um gesto que, depois de todo o angustioso desentendimento, denotava sua admiração por José Bonifácio, com quem tinha se reconciliado: encarregou-o da tutoria de seu filho, o futuro, segundo e último imperador do Brasil. Não quis enfrentar o povo brasileiro com a força para submetê-lo aos seus desígnios, mas também não quis se curvar à pressão que os revoltosos lhe impunham, tornando-se um fantoche, como julgava ter ocorrido com seu pai. Preferiu partir.

O que aconteceu depois não diz respeito diretamente ao Brasil e não convém ser detalhado, mas vale ressaltar que o ímpeto de Pedro pela busca da glória e dos grandes feitos não se encerrou. Ele iria para Portugal e, depois de fundar um país, cumpriria sua sina, tornando-se o libertador da pátria contra a qual se havia insurgido. Liderou a batalha contra os usurpadores do trono de sua filha.

Desembarcou no Porto, com um pequeno exército de liberais portugueses e soldados estrangeiros, para enfrentar as tropas de D. Miguel I. Antônio Carlos de Andrada chegou a encontrá-lo para pedir que voltasse ao Brasil e reassumisse o trono; era um dos porta-vozes dos "caramurus" ou "restauradores", grupo que

---

120 SOUSA, 2015, p. 834.

121 SOUSA, 2015, p. 836.

acreditava ser necessário retornar ao Primeiro Reinado para pacificar o Brasil no período regencial. D. Pedro não aceitou. Exigiu que sua volta fosse constitucionalmente válida, referendada pelo Parlamento e pelo povo, o que sabia ser impossível, frustrando os caramurus.

Tranquilo quanto ao trono de Pedro II, sua dedicação estava inteira a Portugal - de corpo e alma. Lutou diretamente, montou armamentos, viveu a rotina dos soldados mais baixos e viu os horrores de perto. Era homem para isso: não para a administração ordinária, mas para o sacrifício e a glória. Usando de gênio militar e da aliança de soldados liberais espanhóis, interessados em enfrentar o tio de Pedro, o conde de Molina (1788-1855), que estava tentando surrupiar a coroa da sobrinha, a rainha Isabel II (1830-1904), Pedro triunfou, imortalizando-se também em Portugal com a alcunha de D. Pedro IV, o Libertador.

Triunfante, mas moribundo, D. Pedro contraiu tuberculose durante a guerra e morreu em 24 de setembro de 1834, aos 35 anos, no Palácio Real de Queluz, em Portugal, onde também havia nascido. Fechava o ciclo de uma biografia de emoções, batalhas e realizações de escol exatamente onde havia começado.

Tendo observado os motivos de seu enfrentamento com os "liberais moderados", seus inimigos na crise de Abril, ganha outra dimensão perceber que até mesmo um dos principais entre eles foi capaz de, por ocasião de sua morte, reconhecer seu valor e sua grandeza. Dada a grandeza disso, achamos por bem repetir aqui as palavras sobre ele proferidas por Evaristo da Veiga, que já expusemos na Introdução, cientes de que, a essa altura, o leitor poderá apreciá-las com nova abrangência:

> *"O ex-imperador do Brasil não foi um príncipe de ordinária medida (...) e a Providência o tornou um instrumento poderoso de libertação, quer no Brasil, quer em Portugal. Se existimos como corpo de nação livre, se a nossa terra não foi retalhada em pequenas repúblicas inimigas, onde só dominasse a anarquia e o espírito militar, devemo-lo muito à resolução que tomou de ficar entre nós, de soltar*

o primeiro grito de nossa Independência. Portugal, se foi livre da mais negra e aviltante tirania (...), se goza dos benefícios que aos povos cultos assegura a fruição do regime representativo, deve-o a D. Pedro de Alcântara, cujas fadigas, sofrimentos e sacrifícios pela causa portuguesa lhe mereceram em grau subido o tributo da gratidão nacional".[122]

BENJAMIN CONSTANT E O PODER MODERADOR

A influência intelectual de Benjamin Constant de Rebecque sobre o jovem príncipe Pedro é a mais claramente distinguível em sua trajetória, a partir da recorrente citação dos historiadores e biógrafos e do fato de que inspirou a modificação mais importante empreendida na Constituição de 1824, em comparação com o que vinha sendo o resultado dos trabalhos na Constituinte: o Poder Moderador. Parece enriquecedor dedicar algum espaço às ideias de Constant sobre a liberdade e à sua conceituação desse "quarto poder", bem como às circunstâncias, adaptações e ao impacto de sua inclusão no ambiente político brasileiro imperial do século XIX.

Benjamin Constant nasceu de uma família huguenote em Lausanne, Suíça, e estudou em universidades na Baviera e na Escócia, além de ter sido instruído por professores privados. Era um conhecedor da Europa, tendo passado muitos anos na França, na Suíça, na Alemanha e na Grã-Bretanha. Tornou-se um dos nomes mais conhecidos do seu tempo ao se tornar politicamente ativo e ocupar assento no Parlamento depois de sua parceria com a liberal francesa Madame de Staël (1766-1817), uma ativista que apoiou a Revolução Francesa, mas tendia à ala mais moderada dos girondinos, rechaçando tanto os jacobinos quanto, posteriormente, o autoritarismo de Napoleão.

---

[122] SOUSA, 2015, p. 1036.

Como precursor do grupo que ficou conhecido como "liberais doutrinários", as ideias de Constant, assim como as de Staël, estavam sempre inspiradas nos sucessos britânicos, engrandecendo a monarquia constitucional e repelindo tanto o absolutismo quanto o jacobinismo – novamente, um pensador sob o signo da mediação, tudo a ver com a atmosfera de pensamentos e ideias que animaram as elites brasileiras.

A obra mais conhecida de Constant, surgida em 1819, é o breve discurso *Da liberdade dos antigos comparada à dos modernos*, que situa historicamente a questão central do liberalismo na modernidade e dialoga de forma direta com a compreensão do primeiro imperador brasileiro de que o figurino absoluto de regime político, bem como qualquer conformação institucional e legal que negue o tipo de liberdade moderna a que Constant faz referência, não seria o mais desejável ou adequado aos seus contemporâneos.

Para o pensador francês, a "liberdade" é uma ideia compreendida de maneiras distintas pelos povos antigos e pelos povos modernos, e a confusão entre esses dois conceitos díspares do termo foi o principal motivo das conturbações sociais ocorridas em diferentes momentos da Revolução, quando os revolucionários quiseram conferir ao povo francês o conceito errado e indesejado. Tal como Stäel – e, em certa medida, D. Pedro –, Constant preferia dizer que a Revolução trouxe felizes resultados, apesar de seus excessos, sendo um deles a possibilidade de "desfrutar os benefícios de um governo representativo"[123]. Opinião contrária teriam Edmund Burke e, por consequência, o visconde de Cairu, por exemplo, para quem o germe dos males da Revolução Francesa já estava presente em seu nascedouro. Concordariam no principal, ao menos Burke: no valor inescapável do sistema representativo.

---

[123] CONSTANT, 2019.

Se este sistema é tão importante, o que Constant quis esclarecer foi o motivo de não ser conhecido na Antiguidade, nem mesmo pelos maiores pensadores. Com esse fito, o filósofo recuperou a tradição política clássica, avaliando um sistema que foi analisado por Platão e Aristóteles e era um modelo de governo da Grécia Antiga: o regime da Lacedemônia. Para Constant, tratava-se de "uma aristocracia monacal, de modo nenhum um governo representativo", pois a limitação do poder dos reis não era feita por homens eleitos da maneira como os representantes modernos o são; os homens que detinham esse poder de limitar, os Éforos, "participavam do próprio governo, quer dizer, do poder executivo"[124], e, se eram nomeados pelo povo depois de instituídos pelo rei, não passavam de cinco.

Outros exemplos que recupera são o do regime dos antigos gauleses, que era teocrático e guerreiro, e o do Império Romano, onde, apesar de um eco de representação nos tribunos, como espécies de "representantes" dos plebeus, o povo se reunia para deliberar diretamente sobre leis e julgamentos dos patrícios, isto é, sobre todas as questões mais importantes. Também retoma detalhadamente o caso dos atenienses, famosos por sua "democracia", mas que também, embora o pensador os considere os mais próximos da liberdade moderna, estavam impregnados dos modos pertinentes à "liberdade dos antigos". A tese de Constant é que "os povos antigos não podiam nem sentir a necessidade nem apreciar as vantagens" do moderno sistema liberal-representativo. Nesse moderno sistema, a "liberdade" que ele busca encontra uma definição que o filósofo toma do americano médio:

> *"É para cada um o direito de não se submeter senão às leis, de não poder ser preso, nem detido, nem condenado, nem maltratado de nenhuma maneira, pelo efeito da vontade arbitrária de um ou de mais indivíduos. É para cada um o direito de dizer sua opinião, de escolher seu trabalho*

---

124 Idem.

e de exercê-lo; de dispor de sua propriedade, até de abusar dela; de ir e vir, sem necessitar de permissão e sem ter que prestar conta de seus motivos ou de seus passos. É para cada um o direito de reunir-se a outros indivíduos, seja para discutir sobre seus interesses, seja para professar o culto que ele e seus associados preferirem, seja simplesmente para preencher seus dias e suas horas de maneira mais condizente com suas inclinações e suas fantasias. Enfim, o direito, para cada um, de influir sobre a administração do governo, seja pela nomeação de todos ou de certos funcionários, seja por representações, petições, reivindicações, às quais a autoridade é mais ou menos obrigada a levar em consideração"[125].

Estes seriam os traços gerais da "liberdade dos modernos", que, ninguém o pode negar, estavam, ao menos nos primeiros anos de esforços do imperador, no espírito de suas intenções e de muitos dos estadistas que fundaram o Império. Era um norte a atingir e inspirar seus projetos, ainda que suas fragilidades os afastassem dele no calor dos acontecimentos.

Ao contrário, a "liberdade dos antigos" estaria muito mais acentuadamente associada à vinculação e supremacia do "povo", do "todo", sobre o Estado e seus rumos, do que ao resguardo da esfera de direitos e prerrogativas individuais. Consistiria em "exercer coletiva, mas diretamente, várias partes da soberania inteira, em deliberar na praça pública sobre a guerra e a paz, em concluir com os estrangeiros tratados de aliança, em votar as leis, em pronunciar julgamentos, em examinar as contas, os atos, a gestão dos magistrados; em fazê-los comparecer diante de todo um povo, em acusá-los de delitos, em condená-los ou em absolvê-los"; porém, simultaneamente a essa participação, os antigos consideravam bastante normal "a submissão completa do indivíduo à autoridade do todo". Liberdades como a escolha da própria religião

125 Idem.

ou de dispor do próprio corpo para certos fins seriam escândalos incompreensíveis para eles, interferindo mais ou menos a autoridade das convenções sociais e da concepção mais geral, até institucionalmente, sobre a intimidade da vida dos cidadãos.

Na Antiguidade, o indivíduo se anula para maximizar a sua soberania como cidadão, com poder de decisão. Na modernidade, o indivíduo se amplia, mas exerce a soberania de maneira limitada e cíclica, fazendo-se representar por outros na maior parte do tempo. Empreendendo a iniciativa de explicar as raízes dessa diferença, Constant concluiu que os Estados antigos eram incomparavelmente menores que os atuais, vivendo em constante belicismo e praticando abertamente a escravidão. A necessidade de sobreviver e de seguir existindo como sociedade era uma preocupação o tempo inteiro, obstaculizando a preocupação com as intenções individuais.

A força do mercado e a grande dimensão dos Estados modernos teria, na concepção dele, levado a uma situação grosso modo oposta – do que evidentemente não se deve concluir que vivemos em um paraíso, caso contrário se deveria fingir que não existiu o século XX, o século das guerras mundiais. Porém, de modo geral, questões que, usualmente, na História Antiga da humanidade, seriam resolvidas pela guerra, passaram a ter outras ferramentas preferenciais de resolução, atendendo melhor a certos interesses básicos. Assim, "a extensão de um país diminui muito a importância política que toca, distributivamente, a cada indivíduo", não sendo o cidadão simples da Grã-Bretanha ou dos Estados Unidos tão decisivo e "poderoso" quanto o "republicano mais obscuro" de Roma ou de Esparta. "Sua influência pessoal é um elemento imperceptível da vontade social que imprime ao governo sua direção"[126].

A abolição da escravatura e o desenvolvimento do comércio também tiraram ao homem o tempo que poderia ser totalmente empenhado nas deliberações públicas, e esta última lhe deu bastante

---

[126] Idem.

apreço pelas coisas que podiam "caber" na dimensão individual. Consumou-se que, ao contrário dos nossos ancestrais, para quem a liberdade prezada era sinônimo de "participação ativa e constante do poder coletivo", a nossa deveria ser o "exercício pacífico da independência privada". Pensadores modernos como Rousseau e o abade de Mably (1709-1785), este último elogiado por alguns dos principais socialistas do século XIX, não perceberam isso e quiseram submeter o anseio popular por liberdade nos dias atuais a uma recuperação mais plena e acabada da "liberdade dos antigos".

A liberdade individual, sinônimo de "liberdade moderna" na concepção de Constant, não poderia ser sacrificada por um governo que se quisesse bem-sucedido e assimilado à natureza da época. Não quer isto dizer que a liberdade, ou antes o direito, de participação, ainda que através da escolha de representantes, dentro da chamada "liberdade política" – que seria uma designação atual para o que restou da "liberdade dos antigos" – deva ser suprimida. Até porque, talvez acrescentaríamos a Constant, ainda vivemos em comunidades políticas e a liberdade política é a ferramenta que os regimes constitucionais nos oferecem para continuarmos a ter influência em decisões capazes de fortalecer o resguardo da própria liberdade individual – ainda que muitas vezes façamos mau emprego dessa prerrogativa. Não se pode pedir aos povos modernos que abram mão dessa liberdade em prol da manifestação de uma "vontade geral" que, ao fim e ao cabo, se torna a dissolução da personalidade individual em um todo tirânico.

Entretanto, continuaria Constant, se "o perigo da liberdade antiga estava em que, atentos unicamente à necessidade de garantir a participação no poder social, os homens não se preocupassem com os direitos e garantias individuais", a liberdade moderna também oferece o risco de fazer com que, "absorvidos pelo gozo da independência privada e na busca de interesses particulares, renunciemos demasiado facilmente a nosso direito de participar do poder político"[127]. Por exemplo, diante das contradições

---

[127] Idem.

sociais e do medo do caos, podemos preferir que a autoridade e as decisões fiquem nas mãos de um ditador ou de um monarca absoluto, a fim de contornar as crises e nos deixar relativamente despreocupados. Essas reflexões dizem muito respeito aos sucessos, tropeços e hesitações do Primeiro Reinado e às tensões internas na personalidade de D. Pedro de Alcântara.

A crítica, nesse sentido, que Constant formulou ao pensamento rousseauniano, e que reverbera uma premissa que se pode identificar no pensamento dos moderados e conservadores de diversos matizes, e em boa medida nos nossos fundadores, pode ser resumida magistralmente com este trecho de outra de suas obras fundamentais, *Princípios de Política*:

> *"Rousseau ignorou esta verdade e o seu erro fez do seu Contrato Social, tão frequentemente invocado em prol da liberdade, o instrumento mais terrível de todos os gêneros de despotismo. Definiu o contrato celebrado entre a sociedade e os seus membros como a alienação completa e sem reservas de cada indivíduo com todos os seus direitos em mãos da comunidade. Para nos tranquilizar acerca das consequências do abandono tão absoluto de todas as partes da nossa existência em benefício de um ser abstrato, diz-nos que o soberano, ou seja, o corpo social, não pode prejudicar nem ao conjunto dos seus membros, nem a cada um deles em particular; que ao se entregar cada um por completo, a condição é igual para todos, e que ninguém tem interesse em torná-la onerosa aos demais; que ao se dar cada um a todos, não se dá a ninguém; que cada um adquire sobre todos os associados os mesmos direitos que ele lhes entrega, e ganha o equivalente de tudo quanto perde, com mais poder para conservar o que tem. Mas esquece que todos esses atributos preservadores que confere ao ser abstrato que chama de soberano resultam de que esse ser se compõe de todos os indivíduos sem exceção. Ora, tão logo que o soberano tem de fazer uso do poder que possui, ou seja, tão logo que deve proceder a*

uma organização prática da autoridade, não podendo o soberano exercê-la por si próprio, delega-a, e todos esses atributos desaparecem. Ao estar necessariamente, pela sua própria vontade ou à força, a ação que se executa em nome de todos à disposição de um só ou de alguns, resulta que ao se dar um a todos, não é verdade que não se dê a ninguém; pelo contrário, dá-se aos que agem em nome de todos. Daí que, ao se dar por completo, não se coloca numa condição igual para todos, já que alguns se aproveitam exclusivamente do sacrifício do resto. Não é verdade que ninguém tenha interesse em tornar onerosa a condição aos demais, posto que há associados que estão por fora da condição comum. Não é verdade que todos os associados adquirem os mesmos direitos que cedem; não todos ganham o equivalente do que perdem e o resultado daquilo que sacrificam é, ou pode ser, o estabelecimento de uma força que lhes tira o que têm"[128].

Todas essas formulações estavam, sem dúvida, nas cogitações que compuseram a mentalidade por trás do projeto dos forjadores do Brasil independente, assim como, tal como apontariam o professor Antônio Paim e o professor Ricardo Vélez Rodríguez[129], no pensamento de Silvestre Pinheiro Ferreira, que, ainda na época de D. João, já teorizava o sistema representativo. Mesmo assim, o elemento mais original e mais marcante da influência de Constant nas instituições brasileiras esteve mesmo no Poder Moderador.

Há até hoje farta discussão acadêmica sobre sua natureza, justificativas e oportunidade, bem como as lições que poderíamos ou não tirar de sua existência e experiência prática entre nós. Fato é que este poder exercido pelo imperador, acima do sistema político, por iniciativa de D. Pedro I, Caravelas e dos feitores da Constituição de 1824, serviria, durante o Segundo Reinado, para

---

[128] CONSTANT, 1970, p. 10-11.
[129] RODRÍGUES, 2015.

que D. Pedro garantisse a estabilidade institucional mais duradoura.

De acordo com Christian Lynch[130], o debate político francês durante a Revolução foi permeado pela perseguição a um poder diferente, situado acima do Executivo e do Legislativo, que pudesse garantir que não ultrapassariam as delimitações constitucionais. Muitas das melhores mentes estavam de acordo em que seria preciso harmonizar a liberdade e a ordem, isto é, as liberdades modernas, individuais, ao estilo defendido por Constant, com um governo e instituições que tivessem autoridade e durabilidade. No entanto, encontrar o caminho para a concretização desse propósito seria um outro desafio, inadiável. Sem que a existência do sistema representativo pudesse ser derrogada, sentiu-se, no caos pós-revolucionário francês, a necessidade de um poder que organizasse e submetesse os demais em caso de conflitos potencialmente destrutivos à organicidade social.

Os monarquistas Bernardin de Saint Pierre (1737-1814) e Stanilas de Clermont-Tonnerre (1747-1792) foram os primeiros verbalizadores do Poder Moderador[131], afirmando que a Coroa deveria ter o poder de resolver esses conflitos. A tradição francesa do monarca poderoso estaria assim sendo transposta ao regime representativo, em uma tentativa de conciliar as duas tendências opostas. A proposta deles não foi aceita e seguiram-se a República jacobina e, mais tarde, Napoleão. O problema da busca por um poder neutro na França permaneceu e Benjamin Constant voltou a recuperar a tese de Tonnerre, tomado pela mesma preocupação: o poder das oligarquias políticas poderia desfigurar as regras constitucionais e seria necessário um poder diferente de todos os outros para subjugá-los em caso de conflagração.

A liberdade política precisaria ser constrangida na crise por um instrumento que protegesse as liberdades individuais e a Constituição da iminente dissolução. A separação dos poderes, inspirada em Montesquieu, teria que conviver com um poder

---

130 LYNCH, 2005.

131 GUANDALINI JR, 2016, p. 26.

superior aos demais, neutro, que caberia aos monarcas constitucionais. Para o esquema funcionar, Constant acreditava que esse poder não poderia se confundir com nenhum dos outros, nem com o Executivo; o rei teria que ser passivo, sem governo, um chefe e representante do Estado. "O Poder Executivo, o Poder Legislativo e o Poder Judiciário são três molas que devem cooperar, cada uma de seu lado, ao movimento geral; mas quando essas molas se perturbam e se cruzam, se entrechocam e se entravam, é necessária uma força que as recoloque em seu lugar. Essa força não pode estar em uma das molas, pois ela se serviria dela para destruir as demais. É preciso que esteja fora, que seja neutra, para que a sua ação se aplique necessariamente em todos os lugares onde seja necessário que ela seja aplicada, e para que ela seja preservadora, reparadora, sem ser hostil. A monarquia constitucional cria esse poder neutro na pessoa do chefe de Estado. O verdadeiro interesse desse chefe não é, de modo algum, que um dos poderes derrube o outro, mas que todos se apoiem, se compreendam e ajam em concerto"[132], explicou.

O poder neutro ou Poder Moderador não poderia ser, portanto, responsável legalmente pelos seus atos, mas também não poderia ser ativo, combinando-se com o Executivo, algo que Constant veria como perigosamente despótico. O Poder Executivo tem de ser exercido pelos ministros, que podem ser demitidos ou responsabilizados pelos erros que cometem, sem que a figura do monarca seja diretamente implicada. Passivo e irresponsável, o rei teria a função de arbitrar e garantir a estabilidade institucional, protegendo a harmonia dos outros três poderes. Ele só deveria tomar a iniciativa para preservar a ordem e para conter o dissídio e a invasão entre os poderes, nunca para fazer proposições legais e políticas, algo que deve caber exclusivamente ao Executivo.

Isso, na prática, conferiria ao monarca poderes como a nomeação e destituição dos ministros, a sanção das resoluções das assembleias (um poder que, oficialmente, os monarcas ingleses

[132] GUANDALINI JR, 2016, p. 31.

têm até hoje, por exemplo), o adiamento de assembleias e a dissolução de outras; a nomeação dos juízes e as decisões sobre as declarações de guerra ou de paz, no interesse do Estado que personifica. Tendo a sua posição garantida pelo resto da vida, o monarca seria efetivamente um poder neutro, porque ela não dependeria da corrente partidária ou de opinião que prevalecesse no Executivo e no Legislativo e, portanto, o monarca não seria partidário, impondo a visão de um determinado segmento sobre os demais.

Essas ideias tinham um grande e natural apelo sobre os estadistas brasileiros que conceberam o regime de 1824, já que atendiam ao interesse de D. Pedro de conciliar seu prestígio como campeão das "ideias novas" com a manutenção de uma autoridade que remetesse ao regime tradicional que findou sob o reinado de seu pai. A Constituição de 1824 assim ditava:

> *"Art. 98. O Poder Moderador é a chave de toda a organização política, e é delegado privativamente ao Imperador, como Chefe Supremo da Nação, e seu Primeiro Representante, para que incessantemente vele sobre a manutenção da Independência, equilíbrio e harmonia dos mais Poderes Políticos.*
> *Art. 99. A Pessoa do Imperador é inviolável e Sagrada: Ele não está sujeito a responsabilidade alguma.*
> *Art. 100. Os seus Títulos são "Imperador Constitucional e Defensor Perpétuo do Brasil" e tem o Tratamento de Majestade Imperial.*
> *Art. 101. O Imperador exerce o Poder Moderador:*
> *I. Nomeando os Senadores, na forma do Art. 43.*
> *II. Convocando a Assembleia Geral extraordinariamente nos intervalos das Sessões, quando assim o pede o bem do Império.*
> *III. Sancionando os Decretos e Resoluções da Assembleia Geral, para que tenham força de Leo: Art. 62.*
> *IV. Aprovando e suspendendo interinamente as Resoluções dos Conselhos Provinciais: Arts. 86 e 87.*

> *V. Prorrogando ou adiando a Assembleia Geral, e dissolvendo a Câmara dos Deputados, nos casos em que o exigir a salvação do Estado; convocando imediatamente outra, que a substitua.*
> *VI. Nomeando e demitindo livremente os Ministros de Estado.*
> *VII. Suspendendo os Magistrados nos casos do Art. 154.*
> *VIII. Perdoando e moderando as penas impostas e os réus condenados por sentença.*
> *IX. Concedendo Anistia em caso urgente, e que assim aconselhem a humanidade e bem do Estado."*

A inspiração em Benjamin Constant, adaptando suas conceituações e preocupações quanto ao contexto político francês ao contexto brasileiro, é evidente no texto constitucional de nossa monarquia. Porém, a Constituição brasileira não reproduziu fielmente os seus conceitos. Em primeiro lugar, ela dá ao monarca também, formalmente, a chefia do Poder Executivo, ainda que o exerça apenas através dos ministros. Há uma sutil intromissão de um caráter mais ativo em sua função do que o que Constant teria naturalmente desejado. Ao mesmo tempo, conforme interpreta Walter Guandalini Jr. em sua obra sobre o debate jurídico travado no Império acerca dos limites e da natureza deste poder[133], a irresponsabilidade foi conferida, no Brasil, à pessoa do monarca, e não ao Poder Moderador em si como abstração. Isso significa que, chefiando o Executivo, o imperador também se tornava, aplicando-se os termos literalmente, irresponsável pelo que decidisse na esfera do Executivo; sendo assim, no Brasil, os ministros poderiam ser punidos pelos seus atos de referenda do Executivo, mas o artífice do poder, seu líder e mentor, o próprio monarca, não o poderia jamais.

---

133 GUANDALINI JR, 2016, p. 42.

As ambiguidades presentes no texto constitucional suscitaram uma série de calorosos debates no Brasil imperial, particularmente no Segundo Reinado, acerca das consequências e dos limites desse poder, com muitos dos luzias ("liberais") querendo circunscrevê-lo aos moldes originais de Constant ou rever o poder do monarca para situá-lo nos moldes britânicos, contra outros, notoriamente saquaremas ("conservadores"), que enxergavam em seu concurso naquelas condições uma necessidade. Não deixou de ser um prolongamento, em atualizações e idas e vindas, dos debates sobre o conflito entre o concreto e o abstrato; o reforço de autoridade necessário em um país sem densidade populacional, sem cultura democrática e sem instituições fortemente estabelecidas, de um lado, e, de outro, os anseios representativos, mais descentralizadores, mais abstratos; entre Bonifácio e Ledo, e por aí vai.

Não é difícil observar, em sua biografia, que D. Pedro passou longe de ser um "árbitro neutro e irresponsável"; ao contrário, seu temperamento voluntarioso e ativo causou muitos problemas a seu reinado e acabou por, em parte, destruí-lo. Conquanto não nos caiba aqui destrinchar a História subsequente, permitimo-nos um ligeiro avanço no tempo para concluir nosso raciocínio. Após sua abdicação, tem início o período Regencial, em que o Poder Moderador não tem imperador que o exerça. O Ato Adicional de 1834 e outras reformas em seu entorno, tocadas pelos "liberais moderados", estabelecem uma série de franquias descentralizadoras, notadamente da segurança e da justiça – à época, ainda contando com a figura do juiz de paz, que era uma figura eletiva –, em ambiente de convulsão provocado por revoltas como a Farroupilha e a Sabinada. Alguns entre os próprios "liberais moderados", entre eles Bernardo Pereira de Vasconcelos, lideram a partir da década de 1840 o movimento que ficou conhecido como "Regresso", voltando a fortalecer, já com a figura do novo imperador, o poder central.

O principal argumento por trás do discurso de teóricos saquaremas como o visconde de Uruguai era o de que o sistema político-eleitoral imperial, incipiente – sabidamente sujeito a fraudes e manipulações, que a elite política tentou combater de diversas maneiras, mas sem ver o sucesso desejado –, era presa fácil dos mandonismos e das oligarquias regionais. Em verdade, sem uma cultura política democrática estabelecida, sem uma sociedade civil bem organizada, com uma população mal distribuída, era praticamente certo no Brasil que o governo do Gabinete ministerial – que passa a existir, inspirado no regime britânico –, se fizesse representar nos governos nomeados das províncias e, controlando a máquina, garantisse absoluto predomínio.

A fórmula encontrada para evitar isso foi a de um poder central e superior, exercido pelo monarca, que pudesse promover, pela autoridade que lhe era inerente, a rotação dos partidos. O Parlamentarismo era, portanto, quase fictício, sujeito à interferência e soberania de D. Pedro II, situação que ele próprio admitia, sem felicidade por isso.

Cumpre julgar as instituições e questões da época sob o prisma dos desafios concretos que se enfrentavam naquele momento e das configurações assumidas pela sociedade brasileira. Sejam quais forem as conclusões, mesmo após o golpe republicano, entre os não-monarquistas, houve tentativas de desenvolver dispositivos legais, dentro das instituições, que se contrapusessem às possíveis tensões entre os poderes e prevenissem a dissolução e o caos, no mesmo espírito das preocupações de Constant e dos fundadores do Brasil. O sucesso dessa tentativa foi praticamente nulo no passado republicano, com o recurso constante a intervenções militares para cumprir a função que era do Poder Moderador, e, no regime atual, está em franca discussão.

Qualquer que seja a conclusão que tiremos, sem dúvida há o que aprender ao menos com a intenção louvável dos nossos antepassados, que devemos sempre ter em mira, de encontrar recursos que permitam a harmonização das ferramentas e poderes da sociedade, impedindo que, sob o influxo das afobações e da cobiça, eles se entrechocassem e devastassem.

5. LEOPOLDINA, UMA AUSTRÍACA QUE CAIU NAS GRAÇAS DO BRASIL

HISTÓRIA E SIGNIFICADO

A personalidade da princesa, posteriormente imperatriz Leopoldina, nem sempre desfrutou o enfoque que merece.

Não que não fosse prestigiada, de modo algum. A título de exemplo, a Estrada de Ferro Leopoldina, no bairro de Ramos, no Rio de Janeiro, não só recebeu o seu nome como passou-o à escola de samba Imperatriz Leopoldinense, que homenageou a trajetória da imperatriz original em seu desfile de 1996. A primeira imperatriz do Brasil nunca deixou de ser percebida com carinho e como uma recordação positiva pelo nosso povo.

O problema é que sua participação nos episódios da Independência e sua relevância para o nascedouro da pátria – que, tal como o marido, e mais ainda do que ele, por vir de um universo cultural e nacional extremamente diverso, ela adotou, por aqui não ter nascido – não foram sempre reconhecidas como merecem. Tem sido promovido recentemente um resgate de seu impacto e de sua expressão, muito digno e bem-vindo, e não poderíamos nos escusar de somar a essa tentativa.

Leopoldina não se destaca entre os fundadores do Brasil pela sua teoria de Estado ou por inspirações filosóficas liberais e constitucionalistas propriamente ditas, no sentido da construção e formalização das instituições, que têm sido, não há negar, nosso destaque neste trabalho. Todas as biografias têm suas estreitezas naturais e a de Leopoldina não poderia deixar de se ressentir de sua rica formação desde a infância no coração do grande Império

Austríaco, núcleo político da Santa Aliança, com seu apelo à ordem tradicional e à antiga autoridade das Coroas. Criada e educada para consorte de seu futuro marido, o rei com quem viria a se casar, não poderia vir dela esse afã da época pelas Constituições e as delimitações do poder dos soberanos coroados. Ela mesma, em carta de 1826 à sua irmã Maria Luísa (1791-1847), segunda esposa de Napoleão, sintetizava: "Nós, pobres princesas, somos tais quais dados, que se jogam e cuja sorte ou azar depende do resultado"[134]. O brilho de Leopoldina se dá em outras esferas.

Podemos identificá-lo em três grandes dimensões de sua existência. Primeiro, ele refulge na própria disposição ao sacrifício dessa mesma trajetória, desafiando inclusive o que poderia ser o figurino preferível ao seu próprio pai, para apoiar o marido, quando os ventos de Lisboa não deixavam alternativa senão a Independência, logo a horrível Independência, aquela ousadia de liberais atrevidos que atravessava o continente americano! Tanto assim que o Conselheiro Antonio de Menezes Vasconcelos de Drummond (1794-1874) dela afirmou o seguinte: "Fui testemunha ocular e posso asseverar aos contemporâneos que a princesa Leopoldina cooperou vivamente dentro e fora do país para a independência do Brasil. Debaixo deste ponto de vista o Brasil deve à sua memória gratidão eterna"[135].

Segundo, em sua dignidade moral, seja em sua habitual generosidade para com o povo, seja no estoicismo com que suportou, até seu jovem desfecho, a traição e a humilhação que D. Pedro lhe impôs na vida privada, paparicando Domitila. Terceiro, mas não menos importante, se as instituições de Estado e o constitucionalismo não eram seus pontos fortes sob o ponto de vista de uma concepção de civilização brasileira, o mesmo não se pode dizer

---

134 Texto curatorial da exposição "Leopoldina, a princesa da Independência, das artes e das ciências. Disponível em: https://www.revistamuseu.com.br/site/br/em-foco/875-leopoldina-princesa-da-independencia-das-artes-e-das-ciencias.html (CONFIRMAR REFERÊNCIA). Acesso em 18 mai. 2021.

135 REZZUTTI, 2017, p. 12.

de seus anseios por ciência e conhecimento, irmanados aos de seu amigo José Bonifácio.

Carolina Josefa Leopoldina de Habsurgo, filha de Francisco I e Maria Teresa da Sicília (1772-1807), nasceu em Viena em 21 de janeiro de 1797. Sua infância se deu em momento delicado para sua terra natal, quando os austríacos se viam derrotados pelas forças napoleônicas. No começo de sua juventude, já travava contato com a rotina das Cortes e conhecia algumas das principais autoridades europeias, uma experiência direta que inspira uma série de comentários irônicos em suas anotações e memórias, e que foi até mais rica que a experiência pessoal do próprio D. Pedro, que veio muito novo ao Brasil. Tal vivência daria à princesa uma vantagem perceptível sobre o marido nas relações com os cortesãos e as intrigas típicas dentro da Corte portuguesa, então Corte brasileira, durante sua regência no Rio de Janeiro em nome de seu pai. Também já cedo experimentou a morte da mãe, quando a princesa tinha apenas dez anos de idade, e teve que fugir de Viena por duas vezes devido às invasões napoleônicas.

Faziam parte de sua educação, como dos demais arquiduques e arquiduquesas, o mergulho regular na aritmética, na religião, nas diversas artes e disciplinas da área das Humanidades e das ciências naturais – capazes de exercer sobre a princesa, como sobre Bonifácio, uma atração especial –, bem como uma série de idiomas, do latim ao francês. A vida cultural da infante nobreza austríaca também era intensa, com visitas constantes a monumentos, museus e jardins, ambientando a imaginação daqueles jovens com a cultura clássica e com a civilização a que se vinculavam, bem como com a vida econômica, mediante a frequência a fábricas e plantações. Naturalmente, também, Leopoldina e seus pares eram instruídos nas requintadas regras da etiqueta, acostumando-se às festividades e cerimônias e às agitações da vida nos palácios.

Desde pequena, embora habilidosa com as artes, Leopoldina era encantada pelo reino dos minerais e pedras preciosas, os animais, o espaço e as plantas. Os mistérios da natureza eram os que mais a fascinavam, bem como a possibilidade de o homem perscrutá-los e revelá-los. Não havia como não se tornar uma alma tão afim à do estadista de Santos, que se tornou seu fiel amigo e defensor. Sua mente entusiasmada e sedenta por instrução buscou se informar bem antes de partir para sua grande aventura acerca do reino em que iria viver e, novamente em carta para Maria Luísa, Leopoldina, em 1816, já dizia que o Brasil era um "país magnífico e ameno, terra abençoada que tem habitantes honestos e bondosos; além disso, louva-se toda família, têm muito bom senso e nobres qualidades... Mas esteja convicta de que o meu maior empenho será corresponder à confiança que toda família e meu futuro esposo em mim depositam através de meu amor por ele e do meu comportamento"[136]. Tamanha era a sua dedicação que já na Áustria, sabedora de que D. Pedro se interessava por equitação, ela treinava com os cavalos, apostando na possibilidade de uma aproximação mais calorosa através de passeios com o marido pelos arredores do palácio brasileiro – algo que efetivamente aconteceu, enriquecendo a relação entre os dois, apesar dos desgostos que o marido lhe causaria.

Prometida em casamento, ela embarcou em Livorno, na Itália, navegando por 86 dias pelo Atlântico, acompanhada de uma comitiva que englobava damas da corte, guardas, médico, camareira e até professor de pintura. Imediatamente à sua chegada ao Brasil, foram estas as suas palavras: "Nem pena nem pincel podem descrever a primeira impressão que o paradisíaco Brasil causa a qualquer estrangeiro. (...) Na entrada da baía há três belos fortes, além de vários grupos de ilhas, ao longe vislumbram-se altíssimas montanhas cobertas de palmeiras e muitas outras espécies de árvores"[137].

Lidando com as diferenças culturais, Leopoldina encontraria satisfação aos seus pendores através da promoção da pesquisa e da investigação das inúmeras riquezas naturais que nosso país apresentava. Partiria daqui uma série de informações e conhecimentos que abrilhantariam a própria ciência vienense. Chegou

---

[136] Texto curatorial da exposição "Leopoldina, a princesa da Independência, das artes e das ciências".

[137] REZZUTTI, 2017, p. 192.

a existir, curiosamente, um Museu Brasileiro no coração do Império Austríaco, sob os auspícios da princesa: o zoólogo Johann Natterer (1787-1843) reuniu, permanecendo por dezoito anos em nossa terra, 1.146 mamíferos, 12.293 pássaros, 1.678 anfíbios, 1.621 peixes, 32.825 insetos, 951 conchas, 73 moluscos, 1.729 vermes intestinais, 242 sementes, 430 minerais, 138 tipos de madeira, 216 moedas e 192 crânios, levados para o outro lado do oceano por onze transportes e integrados ao Gabinete de Ciências Naturais da Corte.

Esse foi apenas um dos elementos do investimento em pesquisas científicas capitaneado por Leopoldina. O interesse científico austríaco pelo vasto reino americano já havia começado no período joanino, quando ocorreu a abertura dos portos às nações amigas. Porém, ganhou fôlego com a vinda e interesse da princesa. Em 1817, mesmo ano de sua chegada para consumar o casamento já realizado por procuração com o príncipe Pedro, veio a Missão Científica chefiada pelo diretor do Museu Imperial de História Natural, Karl Franz Anton Von Schreibers (1775-1852), para coletar acervo para a Corte austríaca. Junto com ele vieram, além do zoólogo Natterer, o botânico Heinrich Wilhelm Schott (1794-1865) e o diretor científico Johann Christian Mikan (1769-1844), entre outros.

Porém, mais do que a Missão Científica, a própria Leopoldina trouxe consigo um bibliotecário e mineralogista, Roque Schuch (1788-1844) e um médico e naturalista, Johann Kammerlacher. A pedido do rei da Baviera, ainda vieram o naturalista Johann Baptist Von Spix (1781-1826) e o botânico Carl Martius (1794-1868), bem como, da Toscana, o também botânico Giuseppe Raddi (1770-1829). Veio também o pintor Thomas Ender (1793-1875), que registrou a vida rústica, as cores e formas do Brasil, documentando visualmente Campinho, Santíssimo, Santa Cruz, Itaguaí, João Marcos, Retiro, Piraí, Bananal, Areias, Tacassava, Lorena, Guaratinguetá e outras cidades.

No palácio e na fazenda de São Cristóvão, a princesa, que já aportou acompanhada da maior missão científica que jamais visitara o Brasil, não apenas continuava a se manter informada de todas as novidades do mundo científico e das pesquisas sobre a natureza durante todo o tempo em que aqui viveu, como fazia suas próprias catalogações e descobertas, colecionando plantas e moluscos e classificando as formas de vida que encontrava. Organizou a biblioteca do Paço, montou uma escola para soldados alemães aprenderem português e colaborarem na proteção do imperador e conseguiu incentivar a reorganização da Casa dos Pássaros, a Casa de Ciências Naturais que existia no Brasil, que em 1817 já se encontrava extinta.

Apesar de tudo, a benefício da realidade, é preciso reconhecer que a adaptação da princesa austríaca a um país tão diferente não foi às mil maravilhas. Quando se preparava para aceitar seu maior encargo como princesa, o de esposa de um futuro rei, Leopoldina ainda acreditava que seu marido um dia reinaria a partir de Portugal e que o Brasil seria apenas um estágio temporário; mas partiu criando uma imagem idílica e fascinante do reino alienígena, distante do mundo europeu, em que iria viver. Leopoldina não tinha exatamente a "alma brasileira"; aqui, ela sempre se ressentiu da ausência das festividades austríacas, de seu refinamento, da fartura de ocupações artísticas, dos bailes, até da gastronomia. Experimentou certo prazer quando as circunstâncias faziam pensar que o marido realmente teria que partir para Portugal, diante da pressão das Cortes lisboetas, já que lá ao menos estaria geograficamente mais perto da cultura europeia com que estava tão mais familiarizada.

As correspondências pessoais e daqueles que com ela conviveram sugerem que Leopoldina criou uma fantasia quanto ao que significaria ser uma princesa e rainha portuguesa – portuguesa de Portugal ou portuguesa do Brasil – que nunca poderia ser plenamente satisfeita. Os modos distintos da realidade luso-brasileira não lhe poderiam apetecer tanto e lhe causaram sofrimentos; isso só aumenta a envergadura que sua personalidade atinge diante de nossos olhos, tendo sido capaz de suportar tudo isso, somado às agruras da vida familiar desajustada, em prol da missão de que se julgava investida, de seus valores e do bem-estar do povo estranho de que estava cercada.

O aspecto mais interessante da participação da princesa nos fatos que levaram à emergência do Brasil como nação independente não reside, porém, nas suas diferenças de temperamento e modos com o povo sobre que reinava, mas na diferença com as ideias que inspiravam o processo. Como dissemos, ao contrário do marido, Leopoldina não era um espírito sintonizado às ideias liberais em emergência. Seu horizonte de pensamento não tinha a menor simpatia pelas "ideias novas", a que tratava com desdém e com o velho receio que votavam os absolutistas da Santa Aliança a toda e qualquer instituição ou teoria que passasse ao largo da origem na tradicional Coroa católica. A princesa receou, quando a ebulição dos liberais se tornou perceptível no Brasil, o típico fantasma degolador e mortífero da Revolução Francesa. Essa era a chave que a faria cerrar fileiras ao lado do esposo na Independência e, logo antes, no "Fico": a convicção formada de que isso preveniria o caos completo, muito mais assombroso às suas sensibilidades. De certo modo, apesar da formação bastante mais antiliberal que a dos demais estadistas que fizeram o processo de emancipação, Leopoldina se harmonizou com eles no interesse de conciliar a ordem com a demanda de novos tempos que não se podiam deter.

Descrevendo D. Pedro para a irmã, a princesa dizia, ainda nos primeiros tempos de relacionamento, ter encontrado nele "um verdadeiro amigo e um ser nobre", que lhe diz "tudo o que pensa com franqueza e mesmo com certa rudeza, acostumado a que se lhe faça sempre sua vontade, tudo tem que se adaptar a ele e até tenho que aturar algumas grosserias, porém vê que me magoam e assim chora comigo. Além disso, estou convicta de que com toda sua impetuosidade e maneira de pensar, me ama sinceramente, embora seja (devido a muitas circunstâncias infelizes em sua família) muito reservado e teimoso; conheço cada um de seus pensamentos; para mim, contudo, o que o torna querido e digno de proteção é o fato de continuar sendo amigo de seus amigos, mesmo que caiam em desgraça, e não poupar sacrifícios por eles, ao passo que é implacável com seus inimigos; além disso, se comporta impecavelmente para com seus pais, o que é muito difícil naquela situação infeliz em que um é contra o outro; honro e prezo muito meu sogro, uma vez que me demonstra muita bondade e amizade; o que me custa mais é estar todos os dias com certas pessoas que seriam muito atuais no tempo de Henrique III, rei da França, o que é terrível; respeitarei minha sogra sempre como mãe de meu esposo, mas seu comportamento é vergonhoso, e infelizmente se veem as tristes consequências em seus filhos menores, que têm péssima educação e com dez anos já sabem tudo como gente casada"[138]. Foi aos poucos que a imagem heroica do marido foi se despindo da idealização e assumindo os contornos da realidade. Não de modo a fazê-la completamente hostil e refratária, é verdade, afinal jamais deixou de ver qualidades no nosso primeiro imperador.

Naturalmente, por exemplo, tocavam-na as demonstrações espontâneas de ardor de D. Pedro como pai, tão próprias de seu jeito de ser. Tiveram sete filhos; além do pequeno João Carlos, morto com menos de um ano de idade, do imperador D. Pedro II e de Maria da Glória ou Maria II, a mais velha e futura rainha de Portugal, tiveram ainda Miguel de Bragança (1820), igualmente falecido bebê, Januária Maria de Bragança (1822-1901), Paula de Bragança (1823-1833) e Francisca de Bragança (1824-1898). Como se nota, a mortalidade infantil no seio da prole foi bastante elevada, o que decerto causava enorme sofrimento aos pais, embora, quando a pequena Paula faleceu aos dez anos, Leopoldina já tivesse morrido e Pedro estivesse longe dela, em Portugal.

Leopoldina, tal como Pedro, também não apreciava as proibições literárias da Real Mesa Censória – em que, na Bahia, o leitor talvez ainda se lembre, o visconde de Cairu chegou a atuar. Ela considerou sensata a opinião de D. Pedro contrária às proibições de livros tal como eram praticadas, o que provavelmente está ligado à sua erudição e sua sede pelo saber. O contraste de visões de mundo entre os dois, entretanto, não tardou a aparecer, quando a convulsão lisboeta de 1820 instaurou as tensões e dúvidas na Corte de D. João. Escreveu à irmã, em dezembro daquele ano, que

---

[138] REZZUTTI, 2017, p. 219.

"os incidentes da minha única pátria me deixam extremamente melancólica; além disso, meu esposo pensa segundo os novos princípios e meu sogro segundo os bons e verdadeiros, por isso me encontro em situação crítica, entre os deveres de uma boa esposa e os de uma súdita grata e obediente". Nos mesmos termos ela se expressou ao pai: "Infelizmente, o feio fantasma do espírito de liberdade se apossou por completo da alma de meu esposo; o bom, excelente rei, tem todos os antigos, nobres e autênticos princípios e eu também, pois me foram inculcados em minha tenra idade e eu mesma amo apenas a obediência para com a pátria, o soberano e a religião. O senhor percebe, querido pai, como é difícil a minha situação entre os deveres de boa e amorosa esposa, súdita valente e filha obediente. Queria tanto unir ambos e obedecer estritamente, porém me vejo forçada a sacrificar um dos dois quando chegar a delegação de Lisboa"[139].

Quando eclodiu a Revolução do Porto e, depois de ficar preocupada com a possibilidade de o marido ter de ir para Portugal e deixá-la sozinha no Brasil, definiu-se que o príncipe permaneceria regendo a América portuguesa e o seu sogro teria que jurar à Constituição que sequer havia sido feita, Leopoldina continuava desgostosa com toda a situação, confidenciando ao pai que ainda o "espírito de liberdade" era a causa indesejada de todos aqueles infortúnios.

A realidade de estar sozinha com Pedro no Brasil, com significativa parcela da Corte partindo com D. João e Carlota Joaquina, desagradava a Leopoldina, que havia perdido a companhia benfazeja do rei de Portugal e ainda temia agitações revolucionárias do povo brasileiro. Ao mesmo tempo em que enfrentava problemas financeiros, a princesa também se encarregava de obras filantrópicas, ajudando hospitais, asilos, orfanatos, todos os tipos de desafortunados que precisavam de aporte financeiro. Essas doações eram esperadas da princesa, mas resultavam em ainda mais rombo nos cofres da família.

---

139 REZZUTTI, 2017, p. 232.

Nem mesmo quando os representantes do governo e as figuras mais proeminentes se puseram a aceitar de alguma forma os princípios constitucionais e representativos, Leopoldina se dobrou a essas teses. Ela se mostrava resignada, mas suas convicções permaneciam antiliberais. É, porém, a atitude antibrasileira das Cortes lisboetas a responsável por impulsionar a princesa ao papel improvável que desempenharia, ainda que defendesse o uso de métodos de força, como nesta carta de 9 de junho de 1821: "Os verdadeiros brasileiros são cabeça boa e tranquila, as tropas portuguesas estão animadas pelo pior espírito e meu esposo, infelizmente, ama os novos princípios e não dá exemplo de firmeza, como seria preciso, pois atemorizar é o único meio de pôr termo à rebelião; receio que tome consciência tarde demais, com seu próprio prejuízo, e só posso ver um futuro negro. Deus sabe o que ainda acontecerá conosco"[140]. Gradualmente, Leopoldina começa a demonstrar simpatia pelos interesses dos brasileiros e a relativizar, sem jamais confessar a renúncia a seus velhos princípios, os males outrora tenebrosos e pecaminosos do liberalismo.

Em julho de 1821, a princesa já admite a permanência definitiva no Brasil e já não lamenta essa sorte, acreditando que o país era digno de ser incondicionalmente mantido em unidade. Durante esse ano, sua "contaminação" pelo espírito de dignidade local e pela mesma onda emancipacionista que conquistaria seu marido se fez sentir em algumas de suas correspondências, em que já passou a aparecer a referência à distinção entre brasileiros e portugueses. Contando com o apoio de D. Pedro para participar diretamente do processo político e confabular com ele sobre todas as decisões, Leopoldina tinha uma verdadeira posição de liderança. Pode ser contada, sem qualquer injustiça, como parte do grupo de estadistas que capitanearam todo o processo, jamais por entusiasmo de valores e ideais liberais, mas por entender, como Bonifácio e os outros, que o destino de um Brasil subjugado

---

140 REZZUTTI, 2017, p. 254.

pelas intenções das Cortes seria o esfacelamento e a multiplicação de republiquetas latino-americanas, com o sacrifício de seu trono e, quem sabe, de sua vida.

Inclusive, Leopoldina parece, a julgar por suas confissões, ter se decidido em favor da causa dos patriotas brasileiros antes que o próprio D. Pedro. Foi também ela quem insistiu para que José Bonifácio entrasse para o governo como ministro. Tudo isso, é bom que se diga, embora permanecesse avessa a tudo quanto cheirasse ao "liberalismo dos Estados Unidos", preferindo um governo forte do esposo. Sua recepção à proposta imediata de uma Constituinte feita pelos liberais maçons, por exemplo, foi a mais incomodada possível, mas, a despeito de sua influência, ela seguia sua educação no tocante à aceitação das escolhas de Pedro. Ela continuava temendo a Revolução Francesa à brasileira, jamais efetivada, porque os brasileiros, como temos visto, construíram seu projeto vencedor de separação em torno da Coroa do príncipe.

Em agosto de 1822, Leopoldina já estava abertamente se manifestando pela autonomia brasileira. À sua irmã, escreveu: "O Brasil é grande demais, poderoso e, conhecendo sua força política, incapaz de ser colônia de uma corte pequena, por isso custará muitas lutas duras e sangrentas. E, como me parece, pelo que meu humilde entendimento permite, o ódio dos europeus contra o Brasil é tão grande que terminará com o extermínio dos primeiros". Seu espírito de decisão, porém, se patenteia pela mensagem que enviou ao pai, o campeão da Santa Aliança, com desassombro, assumindo sua postura final: "Embora o senhor sempre tenha proibido o meu coração e mente, amantes apenas da verdade, de falar abertamente, não posso deixar desta vez de tentar minha sorte. Segundo todas as notícias confiáveis da pátria-mãe infiel (Portugal), a única conclusão a que se pode chegar é que Sua Majestade, o Rei, está sendo mantido pelas Cortes numa prisão elegantemente disfarçada; nossa partida para a Europa é impossível, já que o nobre espírito do povo brasileiro se mostrou de todas as formas possíveis e seria a maior ingratidão e erro político crassíssimo se nosso empenho não fosse manter e fomentar a sensata liberdade e consciência de força e grandeza deste lindo e próspero reino, que nunca poderá ser subjugado pela Europa"[141].

Por decreto, quando da fatídica viagem do Ipiranga, D. Pedro deixou Leopoldina no governo do Conselho de Estado e da Corte, ainda que as principais decisões seguissem precisando da sua sanção. O fato revela a amplíssima confiança que o príncipe depositava em sua mulher. Um fato interessante que ocorreu durante esse período foi a recepção, por parte da princesa, de uma mensagem assinada em 13 de maio de 1822 por 186 senhoras baianas, vindas daquela província, apoiando a Independência do Brasil e reconhecendo Leopoldina como sua aliada nessa causa.

Ciente das notícias arrasadoras que vinham da Europa, Leopoldina presidiu a histórica sessão do Conselho de Estado de 2 de setembro, quando se concordou em que era o momento de pedir a D. Pedro a esperada separação. Não era mais possível aguardar. Como já mencionamos, entre as cartas definitivas que motivaram D. Pedro a soltar o grito do Ipiranga, estava uma da presidente da sessão do Conselho, a própria princesa, que transcrevemos na íntegra a seguir:

> *"Pedro, o Brasil está como um vulcão. Até no Paço há revolucionários. Até oficiais das tropas são revolucionários. As Cortes portuguesas ordenam vossa partida imediata, ameaçam-vos e humilham-vos. O Conselho do Estado aconselhava-vos para ficar. Meu coração de mulher e de esposa prevê desgraças, se partirmos agora para Lisboa. Sabemos bem o que têm sofrido nossos pais. O rei e a rainha de Portugal não são mais reis, não governam mais, são governados pelo despotismo das Cortes que perseguem e humilham os soberanos a quem devem respeito. Chamberlain vos contará tudo o que sucede em Lisboa. O Brasil será em vossas mãos um grande país. O Brasil vos quer para seu monarca. Com o vosso apoio ou sem o*

---

[141] REZZUTTI, 2017, p. 284.

vosso apoio ele fará a sua separação. O pomo está maduro; colhei-o já, senão apodrece. Ainda é tempo de ouvirdes o conselho de um sábio que conheceu todas as cortes da Europa, que, além de vosso ministro fiel, é o maior de vossos amigos. Ouvi o conselho do vosso ministro, se não quiserdes ouvir o de vossa amiga. Pedro, o momento é o mais importante de vossa vida. Já dissestes aqui o que ireis fazer em São Paulo. Fazei, pois. Tereis o apoio do Brasil inteiro e, contra a vontade do povo brasileiro, os soldados portugueses que aqui estão nada podem fazer"[142].

Veio a Aclamação no dia 12 de outubro, quando Leopoldina se tornou oficialmente Imperatriz, em cerimônia festiva que contou até com três moços de estribeira junto aos guardas representando as "raças" formadoras e a mistura étnica brasileira: o índio, o negro e um mulato. É um detalhe curioso que mostra a força dessa imagem da "mistura" em nossa memória de auto compreensão, mesmo em uma época em que adotávamos francamente o regime laboral escravista. A imperatriz, nessa fase, seria indispensável para o exercício da diplomacia, buscando o reconhecimento do Império do Brasil como uma nação independente pelas grandes forças internacionais, bem como cuidando de evitar a eclosão de espíritos republicanos no próprio povo brasileiro. Seus principais esforços se voltavam para o seu pai; Leopoldina fez tudo que pôde para convencer o imperador da Áustria de que a segurança da Família Imperial brasileira seria garantida, de que os horrores das revoluções europeias não se repetiriam por aqui e de que seu marido manteria amplos poderes de realização e montagem do governo, honrando acordos comerciais e respeitando a Áustria e outros países com que manteria relações. Estava firmemente decidida a ser, para sempre, brasileira; uma brasileira nascida na Áustria, que se tentou converter à identidade portuguesa e terminou de coração verde e amarelo.

---

142 REZZUTTI, 2017, p. 293.

A imperatriz acompanhou com bastante receio a decadência do prestígio de D. Pedro e as hostilidades empreendidas contra ele nos discursos da Constituinte de 1823, enquanto seu próprio prestígio pessoal não diminuía na mesma proporção. O povo não deixava de valorizar a Majestade bondosa e afável que ajudava os necessitados e, desde o princípio das tormentas, se compadecia dos brasileiros. Porém, da Constituinte em diante, Leopoldina aos poucos não mais teria impacto algum sobre o governo ou sobre os rumos políticos do Brasil. Limitava-se a viver as agruras do relacionamento de Pedro com Domitila, a amargura e o isolamento. A amizade com a escritora Maria Graham (1785-1842) foi um último respiro, até a partida da britânica do Brasil, assim como o nascimento de D. Pedro II, o filho homem que conseguiu vingar. Depois, debilitada e deprimida, Leopoldina teve que suportar a notícia da morte de D. João e a pompa e circunstância com que o marido tratava a amante e sua descendência.

A imperatriz sofreu um aborto e morreu no Palácio de São Cristóvão, na Quinta da Boa Vista, em 11 de dezembro de 1826

6. MARIA QUITÉRIA E A LUTA PELA LIBERDADE

A GUERREIRA E A BATALHA DA BAHIA

"Nasce o Sol a 2 de julho
Brilha mais que no primeiro
É sinal que neste dia
Até o Sol, até o Sol é brasileiro

Nunca mais, nunca mais o despotismo
Regerá, regerá nossas ações
Com tiranos não combinam
Brasileiros, brasileiros corações
(...)
Salve, oh! Rei das Campinas
De Cabrito a Pirajá
Nossa pátria hoje livre
Dos tiranos, dos tiranos não será
(...)
Cresce, oh! Filho de minha alma
Para a pátria defender
O Brasil já tem jurado

Independência, independência ou morrer"

Os baianos provavelmente reconhecerão esses versos como partes do que é considerado o hino oficial do estado da Bahia. A letra, porém, como os leitores facilmente perceberão, tem apelo bastante nacional, e isso não por acaso. O Hino ao 2 de Julho eterniza as culminâncias do processo de Independência, em sua faceta mais heroica.

Se até aqui observamos os valorosos nomes de Estado, que projetaram e pensaram o Brasil independente, é preciso lembrar que, para além dos intelectuais e dos políticos, existe uma imensidade de anônimos e de perfis menos conhecidos que oferecem sua imprescindível contribuição aos grandes lances da História. Existem incontáveis personagens que pouco ou nada escreveram, mas que arriscaram suas vidas e deram o sangue pela concretização dos mais decisivos e elevados objetivos. Não foi diferente com a Independência do Brasil. Muitos não o sabem, porque efetivamente tem sido dada muito pouca atenção a esse fato, mas não bastaram os Manifestos de Agosto, o grito do Ipiranga, as negociações diplomáticas ou o enfrentamento firme do príncipe Pedro às tropas da Divisão Auxiliadora do general Avilez para consumar a separação política entre Brasil e Portugal. Também foi necessário verter sangue. O Brasil foi palco de uma guerra silenciada, com heróis pouco lembrados e pouco cultuados, espalhando-se entre os nossos compatriotas a falsa noção de que não houve qualquer confronto físico e simplesmente os portugueses, fragilizados pela posição inferior em que se encontravam desde a formalização do Reino Unido e as invasões napoleônicas, aceitaram passivamente a perda da maior extensão de seu império.

Se não tivemos uma emancipação tumultuada pelo caudilhismo como a que sofreram nossos vizinhos na América Latina e nem um conflito nas dimensões da Guerra de Independência dos Estados Unidos, houve, sim, batalhas que ceifaram as vidas de alguns milhares de brasileiros, particularmente em províncias que já se encontravam submetidas por forças militares portuguesas, diretamente subordinadas a Lisboa. No mar, no extremo Sul e no Norte e Nordeste do Brasil, essas batalhas sangrentas colocaram aqueles que se perfilaram em torno da perspectiva viabilizada pelo Império nascente contra os que se mantinham fiéis à União, nos moldes impostos pelas Cortes.

As batalhas, quase tão pouco lembradas quanto estudadas, se deram especialmente em algumas das províncias. Além da província Cisplatina, que veio a se tornar, anos depois, independente, transformando-se no atual Uruguai, foram também palco de importantes duelos as províncias do Maranhão, Piauí, o então Grão-Pará e a Bahia. Começamos por esta última, porque é daí que retiramos uma das personagens mais icônicas e fascinantes da nossa luta por Independência: Maria Quitéria de Jesus Medeiros, um exemplo feminino de heroísmo militar e fidelidade à causa da libertação do Império.

Não apenas ela. As batalhas na província baiana foram marcadas por gestos de verdadeiro heroísmo dos populares, lembrados até hoje pelo folclore do estado. Ali brilharam figuras como a sóror Joana Angélica de Jesus (1761-1822), uma religiosa que se tornou mártir aos 60 anos de idade por sacrificar a vida para defender o Convento da Lapa, em Salvador, da invasão das tropas portuguesas. Também ali existiu Maria Felipa de Oliveira (data incerta – 1873), uma marisqueira e pescadora que liderou um grupo de duzentas pessoas, incluindo índios e negros, para resistir à invasão de tropas lusas na ilha de Itaparica. Entretanto, Maria Quitéria se destaca como um símbolo poderoso, tendo sua história diversos elementos de apelo universal.

Personagem sobre quem carecem dados mais robustos (como aliás quase todos os personagens e eventos deste capítulo), compensa essa carência com o fascínio de sua história, que recordará ao leitor lendas como a da antiga personagem chinesa Hua Mulan, que se disfarçou de guerreira para lutar em um exército totalmente masculino, inspirando o famoso filme de animação do final dos anos 90. Foi exatamente o que fez Quitéria. Sua trama real é a de uma filha de fazendeiro de Feira de Santana que cuidava dos irmãos mais novos após o falecimento da mãe, até que, quando tinha já as suas três décadas de vida, os partidários da emancipação nacional vasculharam a região em busca de voluntários e mantimentos no combate aos persistentes portugueses, indispostos a abdicar do domínio sobre a província e entregar o poder às mãos de D. Pedro.

A reunião das tropas que batalhariam na Bahia estava sendo feita pelo general francês Pierre Labatut (1776-1849), um dos mercenários contratados para liderar o exército inexperiente que o Império tinha acabado de organizar. O chamado "Exército Pacificador" deve ter atraído a atenção de Quitéria, que gostava de montar cavalos e manejar armas de fogo.

A "moça da roça" desanimou ao ver que o pai se recusava a colaborar com o esforço de independência e, em gesto ousadíssimo que as feministas dos dias atuais fariam bem em celebrar muito mais do que o fazem, quis ela própria se alistar. Claro que o velho fazendeiro não autorizou. Imagine; se ele próprio não iria, por que deixaria que sua filha fosse ao combate? Mesmo com a recusa, Quitéria decidiu que isso não ficaria assim. Não estamos falando de uma mulher erudita, versada nas ciências e nas humanidades, como a imperatriz Leopoldina; porém, estamos falando de um espírito que estava longe das estaturas ordinárias. Com singular intrepidez, ela desafiou as convenções e proibições para lutar pela bandeira que julgava mais justa. Com o auxílio da meia-irmã e seu marido, cujo sobrenome era Medeiros, Quitéria cortou os cabelos, trajou as fardas do cunhado e se alistou no Regimento de Artilharia. Isso sim é coragem!

Para sua inquietação, Maria foi descoberta pelo pai, que a denunciou. Porém, já se tinham passado duas semanas e o "Soldado Medeiros" já tinha provado o seu valor e sua entrega à luta contra os portugueses. Curiosamente, a divisão a que ela havia sido incorporada, o Batalhão dos Voluntários ou Batalhão dos Periquitos, assim apelidado em razão da cor verde da farda, estava sob comando do major José Antônio da Silva Castro (1792-1844), conhecido como o "Periquitão", que foi avô do célebre poeta Castro Alves (1847-1871). O major não quis saber da delação do pai de Quitéria; ela tinha nascido para cumprir aquele destino. Permaneceria nas tropas. Assim foi feito.

Ela se juntou a muitos outros filhos da nossa pátria. Conforme o historiador Luís Henrique Dias Tavares (1926), autor de *A Independência do Brasil na Bahia*, foram os homens da nossa terra, apesar dos comandantes mercenários estrangeiros, que, ao lado de Quitéria, libertaram Salvador. Os brasileiros esfarrapados de Santo Amaro, Maragogipe, Cachoeira, São Francisco do conde, Nazaré das Farinhas, Jaguaripe; os de Catité e do sertão, brancos e negros, em trincheiras, enfrentando os desafios da natureza, da doença e da dura rotina de uma guerra. Uma batalha entre cerca de vinte mil homens, cerca de dez mil para cada lado, vindo alguns de outras províncias para assegurar o triunfo final do Império brasileiro sobre as tropas de Inácio Luis Madeira de Mello (1775-1833), líder local das armas portuguesas. No mesmo batalhão de Quitéria, estava ninguém menos que o futuro duque de Caxias, Luís Alves de Lima e Silva (1803-1880), que tomou parte como adjunto do coronel José Joaquim de Lima e Silva (1787-1855), seu tio e futuro visconde de Majé, que participou da deposição de Labatut do comando das ações depois de perceber o perigo de uma divisão das tropas acerca de sua liderança.

Na batalha da foz do rio Paraguaçu, em solo baiano, Quitéria se destacou. Não mais se disfarçando como homem, ela já adornava sua farda, sem se envergonhar de sua feminilidade. O general Labatut conferiu a Maria as honras de primeiro cadete e, em 20 de agosto de 1823, já com o Império vitorioso sobre Portugal, D. Pedro a condecorou pessoalmente com a Imperial Ordem do Cruzeiro, no grau de Cavaleiro, pelos serviços militares "que com denodo raro, entre as mais do seu sexo, prestara à Causa da Independência deste Império, na porfiosa restauração da Capital da Bahia"[143], promovendo-a ainda a Alferes de Linha, último posto que ocupou como militar.

Os últimos dias de Maria Quitéria foram bastante discretos, vivendo um casamento com o lavrador Gabriel Pereira de Brito, seu antigo namorado, a quem ela deixou na Bahia para lutar na guerra. Teve com ele uma filha, Luísa Maria da Conceição. Viúva, viveu com a filha em Salvador até falecer em 1853, já, portanto, sob o reinado de D. Pedro II, vendo efetivada e confirmada a unidade do país por que arriscou a vida. Ficaria para o futuro, muitos anos depois de sua morte, a consagração de sua imagem

---

143 SCHACTAE, 2017.

como símbolo militar e seu reconhecimento no Panteão dos Heróis Nacionais.

Os episódios em torno da luta baiana confirmam a bizarria da narrativa de que a Independência teria sido uma invencionice do Centro-Sul. Que fluminense, paulista ou mineiro colocou, sem a menor necessidade pessoal, sem benefícios, sua vida diretamente em risco no campo de batalha como esta baiana incrível fez? Qual terá demonstrado mais desejo, mais determinação, mais entrega ao sonho da autonomia em relação a Portugal? No Nordeste, a Independência não foi ousadia política, brado épico e festa cívica; foi sangue, suor e lágrimas. Por isso mesmo, por mais que não seja possível conhecer todos os seus nomes, é preciso documentar e reconhecer o sacrifício desses nossos primeiros guerreiros.

O Hino de 2 de Julho faz referência a algumas das batalhas que marcam a história desse conflito. A Batalha de Cabrito, por exemplo, foi um episódio em novembro de 1822 em que os portugueses tentaram romper o cerco dos patriotas, terminando por desistir. Eles voltaram em seguida, no dia 8, para a famosa Batalha de Pirajá, com em média três centenas de mortos para cada lado, em que os brasileiros mais uma vez triunfaram. Já em maio de 1823, uma esquadra comandada pelo britânico Thomas Cochrane (1775-1850) chegou a Salvador para estabelecer o bloqueio pelo mar e Madeira de Mello e seus homens foram definitivamente derrotados, embarcando para Portugal para nunca mais voltar. Era 2 de julho.

Sobre aquele dia, além do hino baiano, vale recordar as palavras do neto de Silva Castro em seu poema sugestivamente batizado de "Ode ao Dois de Julho": "Não... Não eram dois povos que abalavam naquele instante o solo ensanguentado... Era o porvir – em frente do passado, a liberdade – em frente à escravidão, era a luta das águias – e do abutre, a revolta do pulso – contra os ferros, o pugilato da razão – contra os erros, o duelo da treva – e do clarão!". Ao final, Castro Alves completa: "Lá do campo deserto da batalha uma voz se elevou clara e divina: Eras tu – Liberdade peregrina! Esposa do porvir – noiva do sol! Eras tu que, com os dedos ensopados no sangue dos avós mortos na guerra livre sangravas a Colúmbia terra, sangravas livre a nova geração! Tu que erguias, subida na pirâmide, formada pelos mortos de Cabrito, um pedaço de gládio – no infinito... Um trapo de bandeira – n'amplidão!...".

OUTRAS BATALHAS

Entre essas batalhas por natureza não tão lembradas, as baianas são as que mais escaparam do triste esquecimento. Houve, entretanto, outras. No Grão-Pará, a tensão se deu contra o governo também militar e português do brigadeiro José Maria de Moura Henriques Sá Couto (1776-1836), homem totalmente fiel à Revolução do Porto e às Cortes lisboetas, o que significa dizer hostil aos anseios brasileiros. Houve combates, mortes e prisões, mas tudo terminou sob o comando de um subordinado, mais uma vez, de Cochrane, o britânico John Pascoe Grenfell (1800-1869). Grenfell tem um lugar de suspeitas e sombras na historiografia pelas práticas violentas adotadas contra os portugueses, recorrendo a fuzilamentos e à tortura seguida de morte de prisioneiros em uma embarcação, episódio cuja responsabilidade ele jamais assumiu, comumente chamado de "tragédia do brigue Palhaço", nome da embarcação à vela em que tudo teria acontecido.

Já o próprio Cochrane, e importa dizer aqui algumas palavras sobre ele, é também, embora não famoso por práticas cruéis, figura polêmica e que marca pela sua impetuosidade e ambição. Apelidado de "O Lobo do Mar", esse oficial britânico participou da história militar de mais de um país além de sua terra natal. Lutou nas Guerras Napoleônicas e depois foi deputado, defendendo combater a corrupção. Por ironias do destino, ironias do gênero com que as desventuras da política já tão mal nos acostumaram, foi ele mesmo acusado de fraude na Bolsa de Valores de Londres, chegando a ser preso e expulso do tradicional Parlamento britânico. Desde então, dedicou a vida a uma aventura profissional inusitada: trabalhar para diversos exércitos em formação que queriam declarar a independência de seus países, mas não tinham lideranças experimentadas à altura do desafio de enfrentar tropas mais tarimbadas. Foi o que fez no Chile e no Peru, antes de ser contratado por D. Pedro para chefiar o Brasil nas batalhas locais contra os portugueses, e fez também depois na Grécia, que queria se livrar do Império Otomano. Recebeu dois títulos de nobreza: o de marquês do Maranhão, no Brasil, e o de conde de Dundonald, ao retornar ao Reino Unido, onde recebeu o perdão do rei Guilherme IV (1765-1837) e morreu aos 84 anos.

Cochrane foi figura-chave na conquista do domínio imperial sobre o território, mas esteve atuando mais diretamente na área marítima. Comandando a jovem e praticamente improvisada Armada Imperial brasileira, antecessora da nossa atual Marinha, ele incorporou gradualmente, a uma esquadra de portugueses que tinham se submetido à autoridade brasileira, escravos libertos e brancos nativos, além de outros colegas mercenários de outros países. A atuação de Cochrane foi um sucesso, eliminando o rastro lusitano nos arredores do Brasil pelo Atlântico e, com isso, sufocando as tropas portuguesas em terra, que não tinham mais a quem pedir socorro.

Porém, depois da guerra na Bahia, os eventos mais significativos se deram mesmo na chamada Batalha do Jenipapo, no Piauí, que teve reflexos e consequências também no Maranhão. Todas essas províncias eram regiões em que a elite tinha interesses mais conectados aos portugueses, o que dava sustentação social à existência de conflitos bélicos, mas o nome em comum do drama vivido nas duas era o do major João José da Cunha Fidié (data de nascimento desconhecida, 1856), Governador das Armas do Piauí e adversário a ser batido pelas tropas dos patriotas e dos mercenários de Cochrane.

A bandeira do Piauí deve a inscrição da data "13 de março de 1823", abaixo da estrela branca no fundo azul do canto superior direito, à Batalha de Jenipapo, às margens do riacho de mesmo nome. Na primeira divisão territorial do Brasil, em 1624, o Estado do Maranhão abrangia a região que se estendia da Amazônia até o Ceará, incluindo o Piauí, palco dessa batalha. Depois, criou-se o Grão-Pará, com um governo independente, e, a partir de 1758, o Piauí ficou sob administração comum com o Maranhão. As duas capitanias se separaram apenas em 1812, mas o Piauí permaneceu como uma rota de desbravadores maranhenses e baianos. Com o tempo, ele se tornou um lugar estratégico para as comunicações entre o governo central e as províncias do norte – também, por consequência, para as forças fiéis a Lisboa.

A adesão a D. Pedro começou ali na Vila de Parnaíba, onde houve uma aclamação simbólica do novo imperador, e o major Fidié tratou de se dirigir para lá a fim de sufocar os simpatizantes liberais que haviam protagonizado tal gesto de rebeldia ao poderio português. Sabendo disso, os moradores se dirigiram ao Ceará, para a Vila da Granja, a fim de pedir reforços. O major acabou encontrando a Vila de Parnaíba vazia e em seguida teve que retornar a Oeiras, de onde tinha saído, ao saber que ocorria rebelião por lá. Tropas cearenses, pernambucanas e piauienses – na maioria homens do campo desarmados e inábeis no manuseio de armas de fogo[144] – já estavam mobilizadas para impedi-lo de retomar a cidade, que era então a capital.

A Batalha de Jenipapo foi vencida pelos portugueses de Fidié pela vantagem em experiência e armamento, causando centenas de mortes e um número ainda maior de prisioneiros. Porém, a vitória final foi brasileira porque o sacrifício dos homens de Jenipapo foi suficiente para forçar os portugueses a desviar de rumo, pela perda de recursos das tropas portuguesas. Fidié partiu poucos dias depois para o Maranhão, onde se instalaria em Caxias. Ele foi então cercado por piauienses e cearenses, rendendo-se em 31 de julho de 1823.

Finalmente, na Província Cisplatina, ao extremo sul, houve até março de 1824 um governo que resistia ao Império, ainda atrelado a Portugal. Só então solucionou-se em favor da separação a cisão entre as tropas do português D. Álvaro da Costa (1789-1835) e o também português, mas fiel a D. Pedro, Carlos Frederico Lecor

---

[144] CARVALHO, 2016.

(1764-1836). O lado brasileiro seria vencedor, sacramentando a libertação da última das províncias sob jugo português. É compreensível, entretanto, que nós não lembremos esses episódios; afinal, já a partir do ano seguinte, começaria o movimento que separaria a Cisplatina do Brasil e a transformaria, em 28 de agosto de 1828, com sua independência, no atual Uruguai.

DOS FUNDADORES AOS CONTINUADORES: O QUE HOUVE DEPOIS

Os personagens que conhecemos melhor ao longo destas linhas desenvolveram, em conjunto, cada um com suas idiossincrasias e especificidades, um projeto de país. É por isso que os elencamos como fundadores. Ocorre que um país não se resume a um projeto. Na definição de seu destino, são muitas as forças que atuam à revelia do que tenham deliberado os seus projetistas. Mesmo o conceito de "projeto" não está isento dos acidentes e das intempéries, a provocar desvios e refinar – ou desafinar – os contornos previamente estabelecidos. Quando uma ideia escapa da mente de quem a concebeu, apenas os caminhos misteriosos do tempo podem responder o que será feito dela. Nada que se funda está totalmente constituído; muito do que é essencial dependerá dos continuadores. Se poucos projetos poderiam ser mais amplos e importantes que uma nação, com ainda mais razão este princípio aí se aplicaria.

Como pudemos ver, os primeiros acidentes e inesperados são aqueles que se manifestam a partir das atitudes e desavenças dos próprios fundadores. Ao estabelecer o Reino Unido, D. João decerto não sonhava em vê-lo desfeito, por provável que isso se tenha mostrado. Cairu não ficaria nada satisfeito com o odor liberal-maçônico que se associava àquela mistura original. Bonifácio quereria uma nação madura mais cedo, com o equacionamento das questões sociais que tanto o incomodavam, mas o Brasil teve que se render aos interesses temporais de sua elite econômica e se institucionalizar sobre o labor escravo. Ledo precisou assimilar a "Bonifácia" e os contrastes entre seu grupo e o governo do velho Andrada. D. Pedro, os paradoxos entre seus ideais e seu temperamento. Leopoldina, os apelos de sua formação austríaca tradicional. Quitéria, que deu o sangue pelo Império independente, junto com todos os demais que o arquitetaram e sustentaram sua concretização, viveu para ver a crise do Primeiro Reinado e o mergulho do Brasil em novos desafios, novas decepções – bem como, naturalmente, novos grandes feitos.

Não houve um só momento em que todas essas pessoas tenham sentado ao redor de uma mesa e desenhado, em gabinete, o Brasil, perfeito e acabado; caso contrário, teríamos que culpá-los por todas as mazelas com que ainda lidamos. Desnecessário dizer que jamais poderiam sonhar com o que o Brasil efetivamente viria a ser nestes dias em que ora escrevemos. Mesmo assim, em sendo tudo isso verdade e não sendo dado a uma, seis ou centenas de cabeças o poder super-humano de controlar o significado e os rumos de um amálgama de almas que se sucederam por quase dois séculos em mais de oito milhões de quilômetros quadrados, cremos poder esperar que os pensamentos e obras dessas pessoas de carne e osso que devassamos em seus receios, defeitos, inseguranças e vícios, tenham refulgido em suas qualidades nas páginas que trouxeram o leitor até aqui.

A primeira lição que fica do exemplo documentado que eles nos legaram é a aceitação que demonstraram da própria humanidade. Nossos fundadores, em sua maioria, embebidos em fontes teóricas marcadas pela mediação, a negociação entre os ditames do real e os propósitos do ideal, indo do liberalismo doutrinário e da economia de Adam Smith ao conservadorismo burkeano e à teoria constitucional de Benjamin Constant, não conceberam um supremo projeto revolucionário delineado para desprezar a formação de três séculos que a sociedade do país já experimentara, com suas dispersões de povoamento, a mentalidade autoritária entronizada nos senhores de engenho e as intrigas próprias do ambiente palaciano, acrescidas da inexperiência de uma Corte propriamente brasileira que estava apenas em desenvolvimento, convivendo ainda com os remanescentes do reinado português. Não. Trabalharam sobre os limites e caracteres já em curso de consolidação que receberam do tecido social, levaram em consideração o terreno sobre que plantavam. Fizeram isso com maior ou menor sucesso, mas não cessaram de considerar esse aspecto, mesmo quando erravam na dose de suas intervenções.

De par com a prudência no trato com esses contornos incontroláveis da antiga Pindorama, depois do semear da civilização lusitana, eles nos legaram exemplos de virtude, liberdade e ordem que, sem converter-se em Evangelho deturpado, bula de remédio ou código religioso alternativo, podem lançar luz sobre as confusões, incertezas e agonias que atormentam nosso presente, se ainda lhes soubermos dar valor. Com esses seis nomes, em conjunto, podemos aprender, retirando de cada um deles o componente em que enriquecem o patrimônio do pensamento brasileiro, a necessidade de encarar com honradez e estima a nação que se representa e o exercício mesmo da função pública; a utilidade de consagrar poucas leis para que elas penetrem o espírito das instituições; a sensatez em ouvir a voz da experiência, mas ao mesmo tempo ter a disposição para desafiar o que está erigido a fim de abrir caminho para as novidades que se provam positivas e inevitáveis; a importância da liberdade, entronizada em referenciais e organizações sociais que deem sustentação à vida em uma comunidade política; a paciência e a resignação diante do que não se pode mudar e o espírito de sacrifício diante do que vale a pena desafiar; a centralidade do papel do conhecimento e da instrução na criação de perspectivas mais edificantes às gerações futuras; o diferencial de se entender como indivíduos em um contexto civilizacional, enxergando-se como alguéns conectados a algo maior, a um senso de posição histórica, mais do que simplesmente às questões da vida comum.

Figuras com todas ou algumas dessas qualidades tão exponenciais, que só se tornam mais fascinantes ao se ladearem das fraquezas que os mesmos indivíduos exibiram, existiram também depois daquelas décadas de 1820 e 1830 em que se iniciou e morreu o Primeiro Reinado. Porém, é nessas décadas iniciais que vamos encontrar as nossas raízes, aqueles que primeiro nos pensaram e imaginaram, intuindo e esbanjando, desde então, o que havia de melhor em nós.

Infelizmente, à diferença, por exemplo, dos Estados Unidos, nossa História tem, apesar de suas peculiaridades, particularmente as peculiaridades monárquicas, a marca da adversidade latino-americana das rupturas no senso de continuidade histórica. Os democratistas rousseaunianos, "liberais exaltados" e todos os demais envolvidos nas revoltas regenciais impuseram, pouco depois da abdicação de Pedro, a ameaça da desintegração nacional. A obra de uma outra geração, em torno de D. Pedro II, conseguiu equacionar a crise e instituir o regime mais estável da nossa trajetória, ao redor do Poder Moderador; todas as bases, porém, a começar por este mesmo poder, inserido de Constant na concepção sócio-política do Império, já estavam lançadas pela geração dos fundadores. Essas bases enfrentaram uma crise poderosa para depois se reajustarem e revisarem, sob a égide de um imperador ilustrado que viu morrer, gradualmente, a escravidão que Bonifácio já tantas décadas antes tanto odiava.

O Marechal Deodoro e companhia limitada promoveram a Proclamação da República com o golpe militar de 15 de novembro de 1889. A essa perda de conexão simbólica com o regime original estabelecido dos fundadores se fez acompanhar um esforço cultural por eclipsar suas grandezas e contribuições, ao mesmo tempo em que o recrudescimento de ideologias estranhas como o Positivismo comtista, sementes de autoritarismos e despotismos que realizariam, da maneira mais indesejável, o vaticínio de Bonifácio. A "Atenas da América", que poderia nascer se o Brasil não fosse tiranizado pelo despotismo, não pôde florescer em terreno que, após o regime militarista da República da Espada e a oligarquia marcada por embates "clânicos" e incapacidade de resolução das profundas decantações sociais na República que vai de Prudente de Moraes (1841-1902) até a Revolução de 1930, não logrou êxito em absorver a participação das massas e a modernização industrial sem se render às torpezas da ditadura do Estado Novo.

Getúlio Vargas (1882-1954), como líder revolucionário, filhote do Castilhismo – derivação do comtismo no Sul do país –, tornou-

-se ditador no regime mais fechado que o Brasil teve em toda a sua História e, controlando a máquina política e os meios de propaganda, transformou em material de exportação a cultura popular da então capital e foi um dos maiores responsáveis por fabricar uma espécie de nova identidade secundária para o país, que veio a se tornar o "país do samba e do futebol", ao mesmo tempo em que, para a nossa infelicidade, um país de populismo, das intervenções militares, dos escândalos de corrupção, da generalização do "jeitinho" – pior, aclamado quase como virtude. É justo dizer que Vargas praticamente funda o Brasil moderno, associado aos conceitos com que nosso país é enxergado e julgado pelos olhos estrangeiros – e por aqueles de nós mesmos que constroem o entendimento sobre a própria nação com base na força dos veículos de comunicação da grande imprensa. Politicamente, da mesma forma, foi em função do que ele fez e representou que se estruturaram os partidos da República instaurada com a Constituição de 1946, incapaz de subsistir para além de 1964, quando as contradições do país o mergulharam novamente em um regime de natureza militar, desembocando na República de 1988 em que agora vivemos. Por todos esses períodos, o espectro de Vargas e dos paradigmas por ele estabelecidos permaneceu o grande mote genético, quer pelos que disso se locupletavam e locupletam, quer pelos que lutaram para negar e subtrair a sua herança.

Não é que todos os elementos dessa "nova cara" do Brasil sejam ruins, longe disso; mas, como dissemos ao começo desta jornada e repetimos agora ao final, um país não pode espelhar apenas as suas diversões, sucessos esportivos, músicas e cores. Ao mesmo tempo, ele não pode ser um amontoado de átomos humanos, incapazes de se conectar com a gramática dos séculos e, especificamente, a gramática do povo a que pertencem, gramáticas que permitem inseri-los na grande e necessária conversa da humanidade.

É por isso que, sem que precisemos necessariamente abdicar por completo de nosso estilo mais despojado, de nossas festas, de nossa personalidade forte e impetuosa – em verdade, algo que não deixa de marcar presença entre nossos fundadores –, precisamos de algo mais. Algo que nos inspire ao crescimento, à solidez, à cristalização das nossas instituições e da nossa estabilidade política.

É preciso buscar grandeza, mas não a grandeza dos demagogos, e sim uma grandeza de espírito, antes que de palavras vazias e de slogans sem substância. É preciso que as distrações não nos favoreçam mais a "naturalização" do absurdo, o hábito da violência, a acomodação ao inadmissível. É preciso que o tecido social sofra transformações, mantendo-se respeito ao seu conjunto, mas tão ardorosamente desejáveis quanto aquelas que Bonifácio desejava. É preciso que os nossos cidadãos sejam todos efetivamente cidadãos, livrando-se da opressão de leis carcomidas e despropositadas e de abusos de autoridade, como ele mesmo sugeria. É preciso que tenhamos coragem de não aceitar todos os "nãos" que os interesses comezinhos nos apresentam, como Maria Quitéria teve de rechaçar as negativas de seu pai e encarar a batalha de sua vida. É preciso que tenhamos a lucidez de uma Leopoldina ao saber fazer concessões, ao perceber que as dificuldades às vezes são mais complexas do que o permitido pelas nossas crenças e nossa formação. É preciso que, como Cairu, saibamos transcender as afobações dos destemperos fervilhantes e nos permitamos guiar pela senda da sensatez, cessando de negar o que está diante dos olhos e se denuncia pela frieza dos números para seguir alimentando delírios e apetites oníricos. É preciso que, como Ledo e todos os outros, falemos abertamente sobre a liberdade que queremos e precisamos perseguir. É preciso que, como Pedro, diante dos dilemas que viveu entre os clamores do povo sobre que reinava e as preocupações com o reinado de seu pai, tomemos decisões duras, mesmo quando nossa natureza "relacional", como a ela fez referência o antropólogo DaMatta, ou "cordial", como diria Sérgio Buarque de Holanda, nos estimula a enxergar as pessoas como parentes, semelhantes ou amigos, colocando os ditames do certo e da lei em um segundo plano.

É preciso, em suma, recuperar o que havia de louvável na estatura e dimensão dos nossos fundadores e que eles pretendiam emprestar ao país que criaram. Nas conturbações do presente, o que mais se vê é o despontar de vozes que procuram por projetos de país. Essas vozes se habituaram a principiar suas reflexões pela certeza de que nada existe ou existiu entre nós que valha a pena consultar ou preservar, antes que inventar do zero absoluto. Não deixa de ser compreensível que, às vésperas de nosso aniversário de duzentos anos de Independência, os desafios a vencer e as tristezas de cada dia, com os noticiários repletos de tragédias e amostras de nossos fracassos, provoquem em muitos a sensação de completo desânimo, de pleno desalento. A sensação, ao fim das contas, de que nada valeu a pena.

Será mesmo possível dizer isso? Será que não valeu a pena o esforço de nossos antepassados por construir um país autônomo, por terminar com a escravidão, por manter esta terra de tantas cores e tantas melodias unida e compartilhando dos mesmos destinos? Terá sido em vão tudo o que deu suporte, formou e possibilitou o meio em que vivemos, crescemos, dissemos nossas primeiras palavras, construímos nossas trajetórias e formamos nossas primeiras memórias e relações? O motor para este tributo e para este livro, bem como de todos os nossos esforços, é o desejo de registrar uma mensagem: a de que toda a consciência crítica que temos a obrigação de desenvolver e toda a clareza de ideias com que percebemos os atrasos e obstáculos abissais que ainda precisamos vencer, não podem se confundir com o ódio irrestrito a tudo que somos e a todo o palco sobre que polimos nossos passos e combatemos nossas misérias.

O Brasil é maior que o que vemos e sofremos e sempre se diz dele que tem potencial para um grande futuro porque houve grandes figuras no passado que o dispuseram para a existência e provaram que não nascemos para nos limitar às carências e torpezas que tanto nos sobressaltam. Os esforços de cultivo das sementes que plantaram não foram suficientes para que ele se tornasse o que sempre sonhamos. Não conseguiremos fazer com que se torne, não nos envolveremos em uma obra legítima de edificação de novos rumos e maiores sucessos, se nos convencermos de que para isso é preciso endossar o complexo crônico de vira-latas e jogarmos "o bebê fora com a água do banho". Um país não é uma tábula rasa. O Brasil pode ser ele mesmo e ser melhor. Para buscar o melhor do futuro, é missão dos nossos contemporâneos e das gerações por vir um reencontro com as lições aprendidas e com esses modelos de virtude e sabedoria (tanto quanto com os tropeços) que deixaram seu testemunho no passado. Os novos projetos devem ser capazes de aproveitar os aspectos positivos dos antigos.

Os brasileiros devem bradar por um novo amanhecer; mas esse brado ainda vem do Ipiranga. Nunca nos esqueçamos disso.

REFERÊNCIAS

ARÃO, Manuel. *História da Maçonaria no Brasil*. Edição do autor, 1926.

ASLAN, *Nicola. Biografia de Joaquim Gonçalves Ledo*. Tomo I. Porto Alegre: Editora Maçônica, 1947.

ASLAN, *Nicola. Biografia de Joaquim Gonçalves Ledo*. Tomo II. Porto Alegre: Editora Maçônica, 1947.

BELCHIOR, Elysio de Oliveira. Visconde de Cairu: Vida e Obra. Confederação Nacional do Comércio, 2000, p. 35.

BURKE, Edmund. *Reflexões sobre a Revolução na França*. Trad. Eduardo Francisco Alves. Rio de Janeiro: Topbooks, 2012.

CARVALHO, Maria do Amparo Alves de. "A Batalha do Jenipapo no contexto das lutas pela emancipação política no norte do Brasil". In: *Revista do departamento de história e do Programa de Pós-Graduação em História do Brasil da UFPI*. Teresina, v. 5, n. 2, jul./dez. 2016 Disponível em < http://www.ojs.ufpi.br/index.php/contraponto/article/view/5746/3410>. Acesso em: 13 de maio de 2021.

CONSTANT, Benjamin. Da liberdade dos antigos comparada à dos modernos.São Paulo: Edipro, 2019.

CONSTANT, Benjamin. *Princípios de Política*. Tradução ao espanhol a cargo de Josefa Hernández Alonso. Madrid: Aguillar, 1970.

DAMATTA, Roberto. *O que faz o brasil, Brasil*. Rio de Janeiro:Rocco, 1986.

FAORO, Raymundo. Os Donos do Poder: formação do patronato político brasileiro vol. 2. São Paulo: Editora Globo, 2000.

FREYRE, Gilberto. *Casa Grande & Senzala*. São Paulo: Círculo do Livro S.A., 1933.

GUANDALINI JR., Walter. O Poder Moderador – Ensaio sobre o debate jurídico-constitucional no século XIX. Curitiba: Editora Prismas, 2016.

HOLANDA, Sérgio Buarque de. *Raízes do Brasil*. São Paulo: Companhia das Letras, 2017.

HOLANDA, Sérgio Buarque de. *Raízes do Brasil*. São Paulo: Companhia das Letras, 2017.

LEDO, Joaquim Gonçalves. *Revérbero Fluminense*. 20 de agosto de 1822.

LIMA, Oliveira. *D. João VI no Brasil*. Rio de Janeiro:Topbooks, 1996.

LISBOA, José da Silva. *Causa do Brasil no juízo dos governos e estadistas da Europa*. Rio de Janeiro, 1821. Disponível em: ATUALIZAR LINK Consultado em 11.06.2018.

LISBOA, José da Silva. *Estudos do bem comum e economia política*. Rio de Janeiro: Imprensa Régia, 1819-1820.

LISBOA, José da Silva. *História dos principais sucessos políticos do império do Brasil*. Rio de Janeiro:Tip. Imperial e Nacional, 1826, pt. X, p. 2.

LISBOA, José da Silva. *Manual de política ortodoxa*. Rio de Janeiro: Tip. Nacional, 1832.

LISBOA, José da Silva. Memórias dos benefícios políticos do governo de El Rei Nosso Senhor D. João VI. Rio de Janeiro: Imprensa Régia, 1940.

LISBOA, José da Silva. *Princípios de Economia Política*, Ed. Comentada e anotada pelo prof. Nogueira de Paula, Rio de Janeiro: Pongetti, 1956.

LISBOA, José da Silva. *Reclamação ao Brasil*. 1821. Disponível em ATUALIZAR LINK. Consultado em 11.06.2018.

LYNCH, Christian Edward Cyril. "Conservadorismo caleidoscópico: Edmund Burke e o pensamento político do Brasil oitocentista" in: *Lua Nova: Revista de Cultura e Política*, n. 100, p. 313-362, São Paulo: CEDEC, 2017.

LYNCH, Christian. "O Discurso Político Monarquiano e a Recepção do Conceito de Poder Moderador no Brasil", in: *DADOS – Revista de Ciências Sociais*, Rio de Janeiro, vol. 48, n. 3, 2005.

MONTENEGRO, João Alfredo de Sousa. *O Discurso Autoritário de Cairu*. Brasília: Senado Federal, 2000.

PAIM, Antonio. *História do Liberalismo Brasileiro*. São Paulo: LVM Editora, 2018.

REZZUTTI, Paulo. D. Leopoldina – a história não contada: a mulher que arquitetou a Independência do Brasil. Lisboa: Leya, 2017.

RODRIGUES, Nelson. *A pátria de chuteiras*. Rio de Janeiro: Nova Fronteira, 2012. Disponível em <goo.gl/DcpU37>. Acesso em: 13 de maio de 2021.

RODRÍGUES, Ricardo Vélez. *Benjamin Constant de Rebecque e a sua influência no Brasil*. 2015. Disponível em: <https://pensadordelamancha.blogspot.com/2015/12/benjamin-constant-de-rebecque-e-sua.html>. Acesso em: 13 de maio de 2021.

SCHACTAE, André Mazurok. Mulheres guerreiras: gênero e ideal de feminilidade na biografia da cubana Célia Sanchez. Disponível em <http://www.fg2013.wwc2017.eventos.dype.com.br/resources/anais/20/1382029533_ARQUIVO_textofinal.pdf>. Acesso em: 13 de maio de 2021.

SCRUTON, Roger. *Como ser um conservador*. Rio de Janeiro:Record, 2015.

SILVA, José Bonifácio de Andrada e. *Projetos para o Brasil*. (org. Miriam Dolhnikoff). São Paulo: Companhia das Letras, 2000.

SOUSA, Otávio Tarquínio de. História dos Fundadores do Império do Brasil, Vol. 1 (José Bonifácio). Brasília: Senado Federal, 2015.

SOUSA, Otávio Tarquínio de. *História dos Fundadores do Império do Brasil*, vol.2 (A Vida de D. Pedro I), Tomo 3º. Brasília: Senado Federal, 2015.

SOUSA, Otávio Tarquínio de. História dos Fundadores do Império do Brasil, Vol. II (A Vida de D. Pedro I), Tomo 1º. Brasília: Senado Federal, 2015, p. 90.

SOUSA, Otávio Tarquínio de. História dos Fundadores do Império do Brasil, Vol. II (A Vida de D. Pedro I), Tomo 2º. Senado Federal, 2015, p. 450.

VIEIRA, Maria Elisabete. O envolvimento da Maçonaria fluminense no processo de emancipação do Reino do Brasil (1820-1822). Programa de pós-graduação em História do Instituto de Filosofia e Ciências Humanas da Universidade Federal do Rio Grande do Sul. Porto Alegre, 2001.

VIEIRA, Maria Elisabete. *O envolvimento da Maçonaria fluminense no processo de emancipação do Reino do Brasil (1820-1822)*. Programa de pós-graduação em História do Instituto de Filosofia e Ciências Humanas da Universidade Federal do Rio Grande do Sul. Porto Alegre, 2001.

ZWEIG, Stefan. Brasil, *País do Futuro*. São Paulo: RockEdition, 2001. Disponível em <http://www.ebooksbrasil.org/adobeebook/paisdofuturo.pdf> Acesso em: 13 de maio de 2021.